# 神秘的
# 對沖基金

葉 泓／著

財經錢線

　　對大多數投資者來說，對沖基金是神秘且遙遠的，甚至到了 21 世紀，媒體樂意報導的仍然是對沖基金的虧損、倒閉等。許多政府和大眾都排斥對沖基金，認為對沖基金是金融危機的罪魁禍首。但實際上，對專業投資者甚至對中小投資者來說，對沖基金是個不錯的投資選擇。對沖基金今天已普遍成為機構投資者和富豪的重點投資工具。

　　大多數情況下，對沖基金經理都是非常神秘的，他們之所以神秘的原因是非常明顯的：為了得到高於別人的回報，精心設計出各種策略，或者有時是靠自己的經驗進行判斷。對於這些不經常出現的機會，他們擅長於開發，同時他們也會將這些計劃隱藏起來──對於這一切的隱藏，有助於提高他們的收入。同時，對於基金經理的雇主──投資者來說，他們的提問有可能被基金經理毫不客氣地拒絕。

　　公開和透明，是對沖基金最討厭的事情。這與相關法律或會計結構有直接的關係。以於維京群島註冊的對沖基金為例，它們可以使用任何合法的金融投資組合，在全世界範圍內任意地點進行套利，而無需向任何國家或部門申報投資技巧和融資結構。但在維京群島上，想找到對沖基金經理，是很難的一件事，甚至電話都打不通。

　　英國最大的對沖基金投資商荷馬斯比克（HERMES BPK）的風險控製部門負責人萬德布魯克曾抱怨道：「我們把大把的錢投到了對沖基金經理的手裡，但他們與我們連五分鐘的見面會都沒開過，我們不知道他們是怎樣用錢的。」

　　2008 年的金融危機使對沖基金經歷了一場急速變革。十幾年前，對沖基金圈是一個相對封閉而狹窄的圈子，大家做的幾乎都是熟人之間的業務，彼此信任程度很高，根本不需要簽合同就把生意做成了。有時，僅僅是上午握個手，下午就把數百萬美元打到了對方的帳戶上。

　　但恰恰是這種貌似荒誕的神秘，成為對沖基金最本質的盈利特點。

　　2008 年金融危機發生后，在西方出現了一些變化，對沖基金業同時吸引了人們的讚賞和反感，讚賞來自於一些因成功的對沖基金而取得的非常高的回報的投資者；而反感則來自於對沖基金在引發 2008 年全球金融危機中扮演的角色。

　　儘管對沖基金在金融危機中遭受了大規模資本外流的重創，但現在全球對沖基金業的資產管理又恢復到了金融危機之前的水平，估計超過 2 萬億美元。根據基

金追蹤公司尤里卡對沖（Eureka Hedge）的數據，2012 年，在中國內地以外運作的以大中國地區為重點的對沖基金管理著大約 430 億美元。這可以確定一點，那就是對沖基金業的成長又重新步入正軌，這一行業將繼續在全球金融市場中扮演重要的角色。

希望本書能為廣大的中小投資者揭開對沖基金的神秘面紗。

# 目 錄

1

# 對沖基金概述

從事金融投資二十多年來，每當看到身邊的投資者虧損時，我就反覆問自己：這個世界上有沒有只賺不賠的投資？如果有，又該是怎麼樣的一種投資？追求絕對正回報其實就是對沖基金產生的原因和終極追求。

從瞭解對沖基金開始，我和周圍的朋友對對沖基金的理念和設計結構就愈發認同，哪怕近幾年來，對沖基金的業績普遍不是很好，我仍然在向更多的朋友推薦對沖基金和對沖基金的投資策略。

對沖基金的投資特徵完全不同於公募基金和傳統的股票、債券等其他類別的投資。對沖基金與其他投資的核心區別是，無論市場如何變化，都有機會獲利。這正是我多年來對對沖基金保持巨大興趣的原因。

2008 年對於大多數投資者來說是如噩夢般的一年，然而有不少對沖基金在市場大跌的時候反而盈利豐厚，這讓投資者對對沖基金的需求更加迫切起來。

對沖基金出現在投資界大約只有 70 年的時間，真正活躍起來是近 30 年的事情，其間不斷發展變化，至今也沒有關於對沖基金的完全清晰的定義。中國國內資本市場發展與國外有些不同，所以難覓對沖基金的蹤影。有種說法是 2014 年算是中國的對沖基金元年，因為在 2014 年中國開設了股票期權、期貨期權等衍生品的交易。

我們都知道金融投資是一場非常嚴格、長期持續的考試，考官就是比我們任何一個人都聰明的市場。在這場考試中通過了，你得到的獎賞就是豐厚的利潤回報。

通過對沖基金的付費數據庫，查找對沖基金在 2008 年的年度收益，讓人驚訝的是，其中有不少的回報率是 100% 以上的。在投資界哀鴻遍野的時候，對沖基金中的頂尖者不僅沒有受到衝擊，反而資產成倍地增長。而就平均值來說，對沖基金的整體損失遠遠低於傳統投資的損失。正是因為對沖基金的投資回報高、受市場影響小，加上外在投資機會的不斷增加，促使對沖基金在近幾年得到了飛速的發展。

操作對沖基金的對沖基金經理是非常神秘的一群人，他們充滿了激情，富有經驗和能力，是投資界中的精英；他們追求的是一種近乎苛刻的完美，以及對自己永不停歇的高要求；他們行事低調，往往不會在公開場合宣傳自己，也不會為自己做太多的辯解。我們要學習他們的做事方法，他們相似的特徵反應出的是一批優秀投資者的行為模式。在瞭解了他們的想法和做法后，你就會對這批對沖基金經理的特質更加清楚。他們曾經的輝煌，不代表未來的成功；他們過去的失敗，

也不代表將來的一蹶不振。

　　我們希望揭開對沖基金經理的神秘面紗，瞭解他們在這麼一條追求絕對正回報的路程中經歷的風風雨雨。但要進行這樣的研究是艱難的，因為基於對自己績效的考慮或者公司的規定，很多對沖基金經理不願接受訪問，甚至有不少對沖基金經理根本沒有興趣暴露在公眾的目光之下。

　　對沖基金其實並不是金融投資中的護身符，如果是護身符，每個人買一份，保證永遠不會虧錢，這世界上就沒人虧錢了。所以真正的護身符還是我們自己自力更生的精神，如果認可這種精神，自己身上也有一樣的精神，我們就會享受到對沖基金給我們帶來的快樂。如果違背這種精神，而只是想用對沖基金來求發家致富，是肯定會不斷失望的。因為這是一種超越極限的挑戰，在這過程中會有跌倒的時候，也有跳得很高的時候。

## ■ 1.1　什麼是對沖基金

　　對沖基金的英文名稱為 Hedge Fund，意為「風險對沖過的基金」，其操作的宗旨在於利用期貨、期權等金融衍生產品以及對相關聯的不同股票等資產或標的物進行實買空賣、風險對沖，在一定程度上規避和化解投資風險。在最基本的對沖操作中，基金管理者在購入一種股票後，會同時購入這種股票的一定價位和時效的看跌期權（Put Option）。看跌期權的效用在於當股票價位跌破期權限定的價格時，賣方期權的持有者可將手中持有的股票以期權限定的價格賣出，從而使股票跌價的風險得到對沖。在另一類對沖操作中，基金管理人首先選定某類行情看漲的行業，買進該行業的幾只優質股，同時以一定比率賣出該行業中幾只劣質股。如此組合的結果是，如該行業預期表現良好，優質股漲幅必超過其他同行業的股票，買入優質股的收益將大於賣空劣質股的損失；如果預期錯誤，此行業股票不漲反跌，那麼較差公司的股票跌幅必大於優質股，則賣空盤口所獲利潤必高於買入優質股下跌造成的損失。正因為如此的操作模式，早期的對沖基金可以說是一種基於避險保值的保守投資策略的基金管理形式。

　　對沖基金又稱「避險基金」「備擇基金」或「另類基金」，依賴基金經理的投資經驗和風險管理，以追求「絕對正回報」為主要操作目標。對沖基金的投資工具多元化，包括套利、沽空、投資衍生品等，24 小時在全球市場隨時尋找獲利機會。

對沖基金自 1949 年創立以來，經歷了六起六落：第一次是 1949—1966 年，第二次是 1966—1974 年，第三次是 1974—1985 年，第四次是 1985—1998 年，第五次是 1998—2001 年，第六次是 2001 年至今。

早期的對沖基金基本上都是沿襲對沖基金創始人瓊斯式的對沖投資策略，只不過使用的場合不同：不幸事件對沖就是當不幸事件發生時，將受益方與受損方對沖；行業對沖就是通過基本面分析，選擇行業之間的兩組股票分別做多與沽空。

對於對沖基金的定義，國內外尚沒有形成一個統一的標準。關於對沖基金的解釋也各不相同，不同的機構只能從自身角度劃分對沖基金。

美國證券交易委員會會（SEC）作為一個證券市場的監管者，將對沖基金定義為「一個常用的非法律名詞」。因為要盡可能多地將基金納入其監管範圍，所以定義較為含糊。

國際貨幣基金組織（IMF）作為國際性的金融機構和協調組織，其干預市場的能力有限，更多的是對各個國家的金融監管提出建設性的意見。其對於對沖基金的定義側重於公司設立方式、私人投資、避稅與躲避管制等。

資產管理統計公司（MAR）與先鋒國際諮詢公司（VHFA）作為專業的對沖基金研究機構，既沒有美國證監會的監管職能，也沒有 IMF 的國際協調人的角色。其定義側重於下面幾個特徵：激勵方式、槓桿、套利。VHFA 的定義特徵是公司設立方式、金融衍生產品。總體而言，SEC 與 IMF 的定義偏向於宏觀層面，MAR 與 VHFA 的定義偏向於微觀層面。

關於對沖基金的分類，國際上也沒有給出一個統一的標準，目前還是沿用 MAR 與 VHFA 的定義。

MAR 將對沖基金類型分為 8 類：

（1）宏觀基金。

（2）全球基金。

（3）多頭基金。

（4）專事賣空基金。

（5）市場中性基金。

（6）行業對沖基金。

（7）重大事件驅動基金。

（8）基金的基金。

VHFA 將對沖基金分為 15 類，具體如下：

（1）宏觀基金。

（2）可轉換套利基金。

（3）不幸事件證券基金。

（4）新興市場基金。

（5）權益對沖基金。

（6）權益市場中性基金。

（7）不對沖權益基金。

（8）重大事件驅動型基金。

（9）固定收益基金。

（10）市場時機基金。

（11）兼併套利基金。

（12）相對價值套利基金。

（13）行業基金。

（14）空頭基金。

（15）基金的基金。

△.對沖基金很難用幾句話講清楚。對沖基金首先是一個私募基金，其次還具有以下三個特點：

第一，對沖基金一般來說都可以利用一定程度的槓桿，比如說你接管 10 億美元，那麼你實際操作的可能是 20 億美元，也可能是 100 億美元。美國長期資本管理公司（LTCM）在 1998 年倒閉的時候，它的槓桿達到 100 倍。

第二，對沖基金的概念主要是與共同基金相對而言的。這是很有意思的一個事情，對沖基金可以做空，並不是它一定要做空。現在有一部分基金只做長線，如果它覺得市場不好的話就可以用指數對沖一下，但是並沒有被要求一定要對沖，而是它有這樣的機會；但一般情況下，共同基金就不可以這麼做。

第三，對沖基金的手續費一般比較高，一般來說，有 2% 的管理費，還有 20% 的分成費。對沖基金的種類也是各式各樣，有的專門做股票，做股票也有多種做法：一種只做長線股票，哪兒市場好它跑到哪兒去，希望每年把市場最好的一塊找出來；另一種就是有長有短，比如說你有 10 億資金，你就用 10 億做多，用 5 億做空，或者用 3 億做空。除此之外，還有一種是比較數量化的，比如使用一些統計的模型。

從對沖基金的投資收益特點來看，可以分為兩種：一種是做多和做空對沖得

非常好，變化幅度小，相對來說，收益率比較穩定，但不會很高，通常差不多為15%；另一種只要求回報，其變化幅度可能非常大，每年可能達到20%～30%的浮動，但是收益率也可以達到30%～40%。

對沖基金經營的金融產品是非常廣泛的，我們所能想得到的金融產品基本上都有對沖基金在經營。或者放一塊兒去做，或者單獨做某個金融產品。比如有的人專門做貨幣，這是一種對沖基金；有的人專門做石油、做大麥、做豆子，這也是一種對沖基金；有的人專門做股票，有的人專門做債券；還有的人專門跑到第三世界就是到新興的市場去做投資，這也是一種方法。

對沖基金是一種以私人合夥企業或離岸公司的形式組成的投資工具。構造對沖基金的目標是為了給它們的投資者帶來高於平均水平的收益。由於對沖基金所管理的並不局限於一般的「買且持有」（Buy and Hold）的商品、權益和固定收入投資工具，因此它們常常被稱為對沖基金或對沖基金工具。

因為它們不受「買且持有」投資策略的限制，許多對沖基金試圖通過使用下面的投資技巧來獲得收益：

第一，賣空（Short Selling）。

這種策略是指出售借來的證券（它們被認為是價值被高估的證券），然後在以後的某個日子以更低的價格把這些證券回購回來，以此獲利。這種策略的成功需要目標公司的股票與經理的預期相吻合。這個策略執行起來相當複雜。它不僅要求具備識別價值被高估證券的能力，還要求以有效的成本（成本越低越有效）借入價值被高估的股票和對從最初出售中所得到的現金進行有效投資的能力。但是市場行情的上漲，政府對基於這種策略的賣空、擠空（Short Squeezes）和槓桿作用的限制，使得這種獨立的投資技巧的成功變得非常困難。賣空可以是而且常常是被作為一種套期保值的技巧。

第二，套期保值/對沖（Hedging）。

這種策略是指減少某個頭寸中的某些或全部風險。其中的一些風險有經濟風險、現金風險、利率風險、政治風險、市場風險和企業風險，當然風險並不局限於這些。如果過度或不正確地使用套期保值技術，那麼套期保值本身所需要的成本就可能會損害投資的回報。套期保值需要運用賣空、衍生工具，或者是二者的結合。套期保值有時候不是完全直接的。比如說，國際商業機器公司（IBM）的多頭頭寸不一定非要用IBM的空頭頭寸來對沖。有時候賣空另一種有許多共同特點的證券可能會更加經濟。這種策略的關鍵是這種股票必須具有更大的下降空間，

或者以更低的成本借入。這樣的一個套期保值例子是，對所持有的每 2500 股 IBM 股票就賣出一份標準普爾期貨合約（2500 股這個數字是由這兩種證券的相對敏感性和它們的貨幣度量單位決定的）。另一種套期保值的例子可以是對所持有的每一股 IBM 股票，賣空 100 股日本電器公司（NEC，一家日本的電腦廠商）的股票（這裡的數目 100 同樣是由兩種證券的相對敏感性和它們的貨幣單位決定的）。

第三，套利（Arbitrage）。

這種策略試圖利用在各種證券、各個市場之間暫時出現的價格失效或價格差異。這種策略是真正的無風險套利，它們在當今的金融市場上是很罕見的（比如利用可以完全替換資產之間的價格差異）。在現今的市場，這些套利主要是依靠不同市場上的投資工具之間所存在的歷史關係來識別和利用那些偏離「歷史」模式的機會。這通常是許多對沖基金發生「錯誤冒險」的來源，因為人們通常使用那些存在誤導的數據序列和大膽的假設來識別所謂的「歷史」模式。如果我們相信金融市場的效率在不斷提高，那麼許多此類的投資策略就只會產生很小的收益。因此一個基金提高套利收益的唯一方法是運用槓桿效應來調用大量的頭寸。

第四，槓桿作用（Leveraging）。

這種策略包括：借錢來增加資產組合的有效規模；根據頭寸的某個百分比付現金或證券作為預付定金（Down Payment）、抵押或保證金（Margin），以此建立所需要的頭寸。

第五，合成頭寸或衍生工具（Synthetic Positions and Derivatives）。

這種策略是使用衍生工具合約來構造頭寸或策略。這些合約經常通過下面的方法來簡化某個頭寸（例如賣空）的構造過程：讓某個銀行或金融仲介建立頭寸的機制，然后合約的持有者就很容易地得到了這些頭寸的獲益潛力，而這種潛力是與銀行所持有的原生頭寸（Underlying Positions）的上升和下降密切相關的。

從上面我們可以看到，對沖基金工具包括了一系列範圍寬泛的活動和運作，而這些活動和運作之間很少有相同的地方。

是否存在一個代表性的對沖基金呢？一般說到對沖基金，人們都把它作為單獨的並且容易識別的實體。然而，「對沖基金」沒有法律上的定義，事實上這個概念也產生了誤導。在上一節的列項中我們已經看到，許多對沖基金策略並未經常使用對沖技巧來生成它們的收益。進一步說，因為對沖基金所使用的技巧和所在市場的多樣性，所以根本就不存在一個能夠把所有的對沖基金都加以概括的典型的對沖基金。

不過，投資歷史可以就現代對沖基金有什麼共同之處這個問題給我們一些啟示。今天對沖基金所使用的許多方法可以追溯到 20 世紀 20 年代投資財團和信託機構使用的方法。這些辛迪加財團在股票、債券和商品期貨上持有投機性，這往往導致市場失衡的多頭和空頭頭寸，所以它們在當時的市場上臭名昭著。儘管表面上看來，現在的對沖基金與以前的辛迪加投資財團有類似之處，但兩者之間仍然是不同的，因為前者所在的市場和所使用的技巧要比后者複雜。但如今的市場難以容忍完全的市場操縱和金融詐欺，而這些是 20 世紀 20 年代投資工具的特點。因此，我們有理由說由澳大利亞人阿·溫·瓊斯（他的商業活動以美國為主要基地）在 1949 年成立的投資合夥企業是第一個對沖基金項目。這個基金的目的是通過選擇優質股票來產生利潤，為此他採用了上面提到的兩個投機方法，在逆向的市場變動中用賣空來保護部分資產組合；同時通過槓桿作用擴大資產組合的收益。他還設計了一個以業績為基礎的補償安排，根據這個補償安排，他可以從客戶的資產盈利中獲得一定的份額，這使他成為了使用利潤分成機制的先驅，而在當今對沖基金中這種利潤分成機制已是非常普遍的事情了。儘管這個基金取得了良好的記錄，並且具有了所有現代對沖基金所具有的特徵，但這個合夥企業還是在相對不太知名的狀態下運作了將近 10 年。

阿·溫·瓊斯的基金在那個時代顯得與眾不同，這是因為它強調通過經理的技能去產生基金的利潤。傳統的股票和公債投資由互助基金之類的集體投資工具進行，這類投資通常採用的是各種類型的「買且持有」方式，而很少或是根本不利用槓桿效應。這意味著此類投資在很大程度上是依靠原生資產市場價格的變動來產生收益。與此不同的是，備擇工具和投資策略主要是依靠經理的技能，並且對經理的成功給予豐厚的回報。對沖基金的經理通常比互助基金的同行擁有更大的投資權限。洛克菲勒基金會的前任首席投資官大衛·懷特曾經談到，傳統經理實現的收益中有 80% 來自於市場，而有 20% 來自於經理的技能。但是對對沖基金而言，他認為這個比例倒轉過來了。

因此，對經理技能的依賴成為了對沖基金的共同特徵。關於對沖基金，可能最為恰當的定義是把它們稱為「以技能為基礎的投資策略」。

對於本書而言，我們將對沖基金定義為一種投資工具，而這種投資工具使用了某些或所有在上節列項中談到的投資技巧組合，同時基金經理從策略產生的結果中得到激勵收入。不可否認這個定義很寬泛，但是考慮到對沖基金的多樣性，這個定義是最為實用的。

　　瓊斯的對沖基金誕生以來的 90 多年中，金融行業出現了許多新的金融工具、市場和交易機會，這大大超過了作為先驅者的瓊斯合夥企業的預期。

　　今天，在「對沖基金」這個名稱下，我們發現它是由多種多樣的、本質不同的投資工具組成的集合，並且是在一個異常複雜的市場環境中通過使用各種投資技巧進行運作的。

　　為了弄清這個充滿迷惑的領域，通常我們要根據對沖基金投資的工具和方法對它進行分類。根據這個標準，除了前面提過的兩種分類方式以外，在當今的對沖基金世界中，我們可以找出大概 32 種不同類型的對沖基金。下面列舉的是這些基金類型的簡單目錄，當然這個目錄並沒有涵蓋所有的對沖基金。

　　（1）宏觀基金（Macro Funds）。

　　（2）特定狀況基金（Special-Situation Funds）。

　　（3）純粹權益式基金（Pure Equity Funds）。

　　（4）可轉換式套利基金（Convertible Arbitrage Funds）。

　　（5）組合基金、基金的基金（Funds of Funds）。

　　（6）市場中性基金（Market-Neutral Funds）。

　　（7）商品交易諮詢基金（Commodity Trade Advisor Funds）。

　　（8）私有權益式基金（Private Equity Funds）。

　　（9）風險套利基金（Risk Arbitrage Funds）。

　　（10）多頭或空頭基金（Long or Short Funds）。

　　（11）新興市場基金（Emerging Market Funds）。

　　（12）事件風險基金（Event Risk Funds）。

　　（13）重組或違約證券基金（Restructured or Defaulted Security Funds）。

　　這樣的分類可以讓我們對現有對沖基金的豐富多樣性有些印象和感覺，但是在分析對沖基金的投資可行性或適當性時，這種分類並沒有什麼實際用途，它只是會給我們帶來下面的問題：不能只用一種方法來評價所有的對沖基金。給對沖基金進行分析和分類的其他方式所依賴的另外一些標準有：

　　（1）使用的資產種類。

　　（2）使用的投資策略。

　　（3）市場的風險暴露。

　　（4）地理上的集中程度。

　　（5）分散化的水平。

（6）套住還是沒有套住頭寸。

（7）資產組合的成交額或流動性。

（8）槓桿的使用。

這樣的分類在分析上不太可能給我們帶來什麼啓發，而且這些標準還可能會產生誤導。由於對沖基金的競爭日趨激烈，許多基金在不斷努力增加收益、分散風險和吸引新的投資者。所以根據在對沖基金內容說明書中所列示的內容寬泛的投資委託權，基金的經理人員經常會擴展新的領域，或是在他們的操作中融入新式或不同的活動。這種持續發生的變化使得我們上面的描述性分類不再合適了。這些特徵標準經常會使不小心的投資者對他們所持的投資類型產生錯誤的結論。

對我們來說，更好的方法是在這裡先停下來，然后看看為什麼投資對沖基金會讓投資者產生興趣，並且讓看看我們是否真的無法從這些因素中找到一種能夠更為有效地分析對沖基金的工具。

現代資產組合理論告訴我們，通過把金融資產仔細地組合在一起，我們可以創造一個資產組合，而這個資產組合可以給投資者帶來比該資產組合中任何一個單項資產自身更高的收益和更低的風險。根據這理論，只有當對沖基金可以增加某個資產組合的收益，同時降低該資產組合的風險時，把這個對沖基金加到這個資產組合中才是有意義的。

在考慮對沖基金的時候，有經驗的投資者並不是對某個經理所帶來的絕對收益或基金中的絕對風險感興趣。這些投資者真正想要的是在增加資產組合風險的時候，能夠以比風險增加更大的幅度增加資產組合的收益。我們把（以比風險增加更高的比例獲取收益）這個特徵認為是經理的價值增值因素。

為了有效地衡量對沖基金，我們需要權衡一個對沖基金的經理給我們的資產組合所增加的風險和收益之間的得失。

傳統上，我們認為對沖基金確實能夠產生與「高收益和低風險」相容的效益。但是在說明這個觀點在多大程度上依賴於我們常識性的錯誤認識之前，我們需要明白如何使用價值增值因素對對沖基金分類。

以分類的基礎方法難以使投資者理解一個資產組合會給他們帶來些什麼。更為恰當的方法是根據基金能給投資者的資產組合帶來的價值增值來排列和評價基金。一個確實可用的方法是使用下面的兩步程序：第一，評價一個既定的基金在廣泛的市場運動中所暴露的總體風險；第二，估計總體的風險暴露對基金的風險和收益之間的權衡得失產生的影響。

一般說來，通過這兩個步驟，我們可以發現基金的導向程度（Directionality）越高（也就是跟隨市場價格變動的方向越準確），潛在的收益就越高，波動也就越大。因此當把基金加入到投資者的資產組合中時，基金的導向程度還會相應地影響基金帶來的風險以及收益。通過運用這種方法，我們可以確定下面三種廣泛的對沖基金種類：

（1）相對價值型（Relative Value）。

（2）價值多頭偏向型（Value/Net Long Bias）。

（3）市場導向型（Market-Directional）。

在相對價值型基金中，目標收益率一般在基金費用總額的10%左右。這些基金強調的是避免風險，同時在波動較低的條件下努力產生適度的收益。此類基金的經理使用了所謂的市場中性或沒有方向性的策略（不過在實際的運作中，這些策略常常不是市場中性或無導向的）。這類基金包括多頭/空頭投資（數量相等）、期權和期貨交易以及以下的策略：

（1）股票套利。

（2）固定收入套利。

（3）風險或特殊事件套利。

在價值/淨多頭偏向類型的對沖基金中，年度的目標收益率通常是股票市場指數的倍數，通常我們使用的股票指數是標準普爾500。這些基金強調適度暴露風險和有方向性的投資。一般來說，資產組合中有一部分會被對沖，而另外的部分則沒有。最初的瓊斯基金就屬於這一類。這一類型的策略有傳統的套期保值多空頭資產組合（Traditional Hedged Long/Short Portfolio），尤其是買進價值被低估的證券和賣出價值被高估的證券。

在完全市場導向（Pure-Market-Directional）的對沖基金中，年度目標收益率一般是費用總額的20%～30%，但是這些收益率波動劇烈，而且非常難以預測。這些基金強調更富於進攻性的策略，同時努力獲取更高的收益。比如說，這種類型的基金會對數目很少的事件投入巨大的槓桿賭註。如果它們的「賭博」贏了，經理們可以從許多不同的市場環境中獲取利潤。這種類型的基金有全球/宏觀基金（Global Macro Funds）和趨勢跟隨期貨基金（Trendfollowing Futures Funds）。對於前者而言，一旦出現了機會主義的投資可能性，它們就試圖利用這種機會；而對於后者而言，這些基金試圖抓住市場的變動方向，並且利用期貨和貨幣市場的槓桿作用來獲利。

## ▬▬ 1.2　對沖基金與其他基金的區別

### 1.2.1　對沖基金追求絕對正回報

傳統互惠基金（或稱為互助基金、共同基金等）追求的是基金表現超越市場的指數，如道瓊斯指數、SP500 等。對互惠基金的經理來說，如果某年的 SP500 為 -20%，基金的回報是 -18% 就不錯了；但如果是 -15%，就更好了。而對沖基金不是這樣，不管市場指數如何，對沖基金都著重追求絕對正回報。對投資者來說，就算當年的市場指數下跌，投資對沖基金仍然是可以賺錢的。

### 1.2.2　對沖基金通常以私募方式，採用有限合夥人制度

對沖基金的投資門檻遠遠高於互惠基金，每個對沖基金的投資人數一般限定在 100 人以下，以避免證監會、證券交易所等的監管。大多數的對沖基金設立於免稅且監管法例不嚴格或不受一般證監會管制的國家或地區，以加強其投資彈性。

### 1.2.3　對沖基金的透明度較低，無須披露持股詳情

部分對沖基金不受當地證監會認可，因而也無須披露其持股策略。對沖基金的基金經理負責監管其運作，因為對沖基金的透明度較低，所以基金經理較少詳盡披露其槓桿投資比例、衍生工具投資比例、持股狀況等。

### 1.2.4　對沖基金的基金經理是公司股東之一

在對沖基金的本金中，對沖基金的基金經理參與部分投資，有時候基金經理將全部身家投入其中。這對投資者來說是個好消息，基金經理和投資者的立場一致，相互關係遠比互惠基金的基金經理要緊密。這是對沖基金和互惠基金的一個重要區別。這個區別同時增加了對沖基金的穩定性，減少了投資組合因基金經理跳槽所帶來的影響。

### 1.2.5　對沖基金的投資策略更自由和多元化

互惠基金通常以單一策略和長倉為主，對沖基金的投資策略更多元化，包括長短倉、風險套利、槓桿投資、期貨、期權、衍生品、實物套利、併購等。

### 1.2.6　對沖基金會收取較高的表現費

對沖基金收取比互惠基金更高的管理費和業績分成費，但對投資者來說，正的投資回報更重要，所以在有絕對的正的投資回報的基礎上，願意支付給基金經理更高的表現費。

### 1.2.7　對沖基金比互惠基金流動性低

對沖基金每月或每季允許投資者退出，互惠基金基本上能允許每日退出。

綜上所述，對沖基金經理，假設遇到虧損的情況，因為他們自己的錢也投入到了基金中，那麼，基金的虧損就是自己的錢虧損。有的對沖基金還有資本最低回報率（Hurdle Rate）條款，即基金如果沒有達到某個回報率，就不收取績效費用；有的對沖基金有高水位線條款（High-Water Mark），規定之前的損失必須用利潤補償后才考慮績效費用的分配。

對沖基金還有其他的條款，如回收款（Clawback）等。這些條款名目繁多，都是為了保護投資者的利益最大化，讓投資者安心享受投資收益后，才從利潤中提出至少 20% 分給基金經理。這些條款反應了對沖基金經理對自己能力的自信程度，基金經理對自己越自信的，給投資者的條款越寬松。有些對沖基金經理的績效費用可以推遲幾年后再支付。這是告訴投資者，把資產給他們管理，他們做的不是一鍾子買賣——做一年吃十年，而是可以經受三年乃至十年的考驗的。這給了對沖基金經理更大的激勵去找尋市場中的盈利機會，將基金的價值最大化。所以，無論是上行的潛力，還是下行的壓力，給對沖基金經理的動力都是非常強大的。就好像蛋糕師傅做蛋糕，所有的對沖基金經理會把這塊蛋糕做大，然后分一塊作為獎賞。而一些傳統的公募基金經理卻沒有動力去做大蛋糕，他們只需要把每天的排名排好就行了。下面從其他角度再來描述一些對沖基金與其他基金不同的地方。

#### 1.2.7.1　對投資者的要求不同

投資者要投資對沖基金就可以進行投資了嗎？不是的。這跟公募的基金不一樣。公募的基金追求規模的擴大，就好像做企業要做大，什麼樣的人來都歡迎。而對沖基金則是要求做強，就是要能夠盈利，所以對投資者的選擇就有不同的標準。

公募基金，不管購買的人是老奶奶還是老爺爺，不管你是否瞭解這只基金，

一律接納。來了就把錢交了，這個是關鍵。

對沖基金經理，有勇氣拒絕不合適的投資者。對於不合適的投資者，他們會為了顧全績效而拒絕這些人。比如某人有1億元想投資某只對沖基金，但是這只對沖基金要求2年之內不能使用這筆錢，這個人不能滿足該對沖基金對資金鎖定期間的要求，這時，這1億元是會被對沖基金經理拒絕的。對沖基金經理只有鎖定這筆資金才能夠在最好的時機進行投資，如果到了緊要關頭，投資者要把資金退出，那勢必使這只對沖基金出現差的績效，也會給基金經理的業績抹黑，這當然是基金經理所不願意的。同時，行業內也有一些投資者必須遵守的慣例，例如投資者在過去2年的時間裡面，年收入要達到250萬美元，這些要求根據不同的對沖基金有不同的要求。

### 1.2.7.2　基金經理的干擾源

公募基金經理和對沖基金經理每天要關注的重點是不同的。基金經理的心思花在哪裡，投資者要知道。然而每天總有一些事情會對經理們造成干擾，他們必須花時間去處理這些干擾，對此，經理們的表現大相徑庭。如果投資者的錢不能贏取最大的回報，那是令人痛苦的。選擇基金，其實就是在選擇基金經理，他們每天都在做什麼，投資者不得不關心。

基金經理每天都要關注的一件事情就是業績排名，一旦業績差了，就岌岌可危。天天排名不是解決問題的方法，這樣會分散基金經理的注意力，並且在選擇安全和機會的時候，基金經理通常傾向安全這一邊，從而束縛了基金經理的能力。基金經理承受的大部分壓力都是來自這個排名。基於價值的投資理論是指股票是圍繞內在價值上下波動的，那麼今天被淘汰的基金經理買入的股票可能正處於谷底，可還沒有來得及讓市場糾正價格的錯誤，他就已經被淘汰掉了，這實在是不公平、太可惜。

流動性也是困擾公募基金經理的一個問題。開放式基金隨時都可能被投資者贖回，所以基金經理在進行投資的過程中，總是會留出一部分現金來滿足隨時可能發生的贖回。基金經理在選擇投資的品種的時候，也因為贖回對流動性的不確定需求而選擇一些高流動性的投資產品，這樣做的直接后果就是減少了投資的回報。如果基金需要流動性的話，不僅一些股票無法購買到，持有的股票也會因為急需錢而低價賣出。隨時贖回在對沖基金中是被禁止的，事實上大多數對沖基金都有鎖定的日期，在鎖定的時間段裡不能贖回，這樣對沖基金經理就可以全力以赴地用這些錢去投資。

對沖基金經理，若不用每日進行排名，則他們所擁有的時間和資源，可以更好地用在最大化資本回報上。當然他們也需要跟投資者進行一些必要的交流，比

如每週或者每個月，但是這樣的交流會大大縮短市場不理性時期，給基金經理造成錯誤印象。更小範圍的交流，也使得基金經理的交流更有效率，來自外部的壓力相對較小。

### 1.2.7.3 對沖基金的運作是不透明的

在複雜的環境下，保持自己的投資的神秘和精細，對於投資者來說，無疑是有很大好處的。對沖基金經理一般都不是喜歡誇誇其談的人，而是做實事，做完之后也不聲張。出其不意、奇兵制勝是對沖基金經理的心經。對於投資者而言，將錢交給了對沖基金經理，是不需要也沒有必要每天詢問詳細情況的。那只是在浪費經理們的時間，錯失很多投資的機會。只有在投資機會過去后，其他的投資者才有可能知道曾經對沖基金經理們來過這塊領域並獲益豐厚。

沒有了流動性的限制，使得對沖基金經理可以放寬選擇的投資範圍。對於一些要求時間比較長、收益比較高的投資，他們可以進行投資，而不用擔心隨時有投資者來敲門，要求把錢拿走。關於流動性的限制，在一開始，對沖基金經理就與投資者有書面的協議，達成了一致。

### 1.2.7.4 組織結構

公募的基金經理，從組織架構上來說，有多重的組織結構。從分析師到基金經理，再到投資委員會，整個投資流程要經過相對較長的時間。這樣的流程，對於投資管理有一定的好處，比如集體的智慧、嚴謹的態度，但是，也有其缺點，那就是臃腫的組織結構有時會非常耗時，失去寶貴的投資時機。

臃腫的機構和拖沓的決策程序往往會使公募基金經理錯失很多機會。在短短幾分鐘的時間，損失的機會價值可能就是幾個億。這說明時間對於投資的影響很大。對沖基金經理通常對於投資風格、資產的類型和技巧都有自己的選擇。就像看到天上飄過來一片烏雲，你曬的谷子要趕快收起來，而限於政策的限制，公募基金經理只能收一部分，同時回去寫報告，申請將剩下的收起來，而這時已經來不及了。而對沖基金經理則可以在預計股市一片大跌之前把股票全部轉為現金，或者進行賣空操作，則「谷子」不僅不被暴雨淋濕，還會有盈利。

對沖基金的組織架構是非常扁平化的，一般人數不多，每個人之間有充分的時間可以進行交流。對於某個主題，他們可以進行及時的討論和研究。這樣做無疑是非常有效率的。在資本市場瞬息萬變的時代，這樣的效率是非常有價值的。對沖基金經理就是需要比別的競爭者更快地獲取信息，比別人更好地解讀信息。想像一下，一家公司被收購后會獲得30%的額外回報的信息被確認后，對沖基金

經理在 5 分鐘之內對其完成分析並投資，這與開 3 個小時的會討論后再進行投資，哪個獲利大？

### 1.2.7.5 投資靈活

　　如果有更多的手段和工具可以讓投資獲得更大的回報，但是有些被限制使用是否會造成不良影響？從公募基金和對沖基金的限制來看，公募基金被設定了很多限制，這些限制在一定程度上保護了投資者的利益，但是這也要付出代價，保護投資者的代價就是投資者得到的回報大幅度減少。

　　公募基金由於其對象是廣泛的公眾，所以監管部門對其的要求比較嚴格。它在證監會和相關的部門都要進行註冊，隨時接受調查，同時在操作上也只能進行枯燥乏味的單一操作：買入和持有。公募基金不被允許賣空，頂多在熊市的時候允許把所有的股票轉換成為現金。但是根據相關投資政策的規定，這一點是做不到的，投資者必須持有一些股票。所以，在一片看跌的市場環境下，公募基金經理能夠做的就是將股票的持有量降到最低。公募基金只能投資某一個市場的股票或者債券，非常受約束。而對沖基金經理的投資範圍就非常廣泛。他們可以在世界各個範圍進行投資，可以投資衍生物、商品等多種品種。這種靈活性給他們的投資績效帶來非常大的幫助。他們的視野更加開闊，更多的選擇權利可以帶來更高的回報。對於槓桿的使用，公募基金也有嚴格的限制，這也減少了獲利的機會。同時在衍生品的使用上，公募基金也有很大的限制。這些限制使基金經理背負了沉重的包袱，幾乎每個舉動都很笨拙，無法將金融工具的靈巧發揮出來。

　　對沖基金受到的管制少，這給操作提供了更多的機會。對沖基金可以在熊市的時候賣空，就是可以從熊市中盈利，這一點是公募基金羨慕的。在牛市的時候，對個別股票進行賣空操作也是獲取雙份利益的法寶。

　　同時，對沖基金是可以使用槓桿的，在對市場判斷準確的時候，這是贏取成倍收入巨大的推動力。因為使用槓桿可以增加回報，但是貸款的償還獨立於投資的績效，所以對沖基金經理比較傾向於在低風險的投資時使用槓桿，這樣做可以使增加回報的時候不增加太大的風險。這有別於公募基金，公募基金是不允許使用槓桿的。

　　基於不同的市場判斷，對沖基金經理可能要進行短期的資產調整，但是長期不變，而衍生物為這些操作提供了很好的工具，降低了成本，使套利得到了回報。就比如基金經理覺得某一個板塊短期之內會暴漲，但是卻不想長期投資那個板塊，為了捕捉到這次暴漲的機會，就可以使用金融衍生工具的掉期（Swap），這種衍生

工具可以將自己的股票收益與看好的板塊的短期收益進行交換，而不是賣掉手中的股票然後去買入其他板塊的股票。這樣做的好處是：成本低很多，風險也大大減少，同時也把握住了機會，增加了組合的回報。總之，對沖基金的種種限制的放寬，讓對沖基金經理的才華能夠更好地發揮出來。

### 1.2.7.6 風險不同

在獲取回報的時候，投資者也要承擔風險。關於風險的大小、種類，各個投資是不同的。比如一個人在賣古董獲得了 100 萬的回報時和賣玉米獲得 100 萬的回報時，承擔的風險是不一樣的。賣玉米要考慮的風險包括干旱、洪水、需求等不確定因素，而賣古董需要考慮的因素則不是這些。對沖基金和公募基金的關係也是這樣的。

公募基金受到的風險主要是市場風險，即在追求回報的時候，市場環境的各個因素，例如利率水平，對基金的影響是巨大的。在投資決策過程中，各種策略都關注到了市場風險，所以基金經理要基於不同的假設，進行策略的設計和實施。

不同的對沖基金有不同的風險，一部分對沖基金有市場風險，另外一部分沒有市場風險，但是有信用風險。在對沖基金的策略中，有些策略將市場風險在組合中完全抵消掉，就是不會受到市場環境的影響。但是由於槓桿、金融衍生品等工具的使用，產生了新的風險，即信用風險。在對對沖基金進行風險管理的時候，不同的策略的側重點是不同的。有的市場風險多一些，有的信用風險多一些。風險管理的好壞，直接決定了投資績效的好壞。

## 1.3　有關對沖基金的誤解

我們已經知道如何對對沖基金進行分類，並且瞭解了一些主要對沖基金類型的特點。現在讓我們停下來，把注意力轉向那些關於對沖基金的普遍誤解。

我們把對沖基金定義為「以技能為基礎的投資」是很好的。但是，我們要對下面的這個說法保留一定程度的懷疑——因為對沖基金有 80% 的收益要依靠經理的能力，所以它們就能在一切情況和環境下都能產生高收益。我們快速地討論一下從這種思路中得出的一些錯誤看法。

①對沖基金在一切市場條件下均能產生高收益。

2000 年，新興市場對沖基金在過去四年中只有 2.3% 的年度收益率。1998 年年末，在新興市場上發生的事件強烈影響了這些基金，而這個事實可以從相關基金

報告高數值的標準差中得到證實。我們前面曾經談到過，某些類型的基金使用程度廣泛，市場敏感性會影響其收益。在困難的市場條件下，這一敏感性越大，基金遭到損失的機率也就越大。

②對沖基金可以降低美國股票市場的風險。

這種觀點的基礎是許多對沖基金不依賴美國股票市場產生收益，或者從更廣泛的意義上說，不依賴標準普爾 SP500 指數產生收益。然而，這種觀點是錯誤的。它忽視了標準普爾指數的漲跌對所有金融市場，包括國內和國際的影響，同時也沒有考慮到產生這個觀點的基礎是一段有限的歷史。

我們需要特別記住的是在 1980 年之前沒有幾家對沖基金存在，大部分的對沖基金建立於 20 世紀 90 年代的早期到中期，這是一個對投資活動極為有利的時期。在這一段時期發生過一些令人心跳的金融波動，尤其在 1987 年 10 月、1999 年 9 月和 1998 年 8 月，但是這都是些影響範圍有限的事件，它們的持續時間都很少超過幾個月。從 20 世紀 80 年代后期開始，我們在金融市場上從未經歷過持續不利的市場環境。我們有把握相信大部分的經理沒有經受過長期熊市的考驗。對於對沖基金作為一個整體，是否能在困難的市場環境中有與市場環境好的時候相一致的表現，我們仍然需要觀察，因此我們要對所看到的事實保有適當的懷疑。

而且，在金融資產價值上升時期不可避免的是，即便是那些最有經驗和能力的經理，他們帶來的收益也會被有利的市場氣候所影響。從 1980 年到 1998 年，美國股票市場大幅度上升，毫無疑問，股市的上漲對對沖基金產生了重要的影響（無論是直接還是間接的影響）。

③對沖基金比傳統的資產種類或傳統的基金更「安全」。

傳統的基金經理由於投資委託權的限制，他們只能持有一些明確定義的資產種類，而且他們往往只能使用很少或根本無法使用槓桿作用。而對沖基金的經理卻因為寬鬆的委託權，從而可以在眾多的資產種類中靈活地選擇，並且可以使用動態交易策略，這些交易策略經常包括賣空、槓桿作用和衍生工具。因為傳統的經理在很大程度上被局限於「買且持有」的策略，他們的收益也與傳統的資產種類，例如股票、公債和商品的收益緊密相關。這種相關性體現在兩者的收益方式很相似或是前者的收益隨後者的變動而變動。

因為對沖基金具有更大的投資靈活性，所以它們經常被吹捧為高級的投資方式。這種投資靈活性使得對沖基金產生的收益與互助基金和標準資產種類的收益只有很低或者是負的相關係數。換句話說，因為對沖基金收益並沒有隨著其它資

產種類的收益變動而變動，所以有人說它們更安全。不過，投資者應該在腦海中記住一個很重要的區別：相關係數和風險暴露是兩個非常不同的概念。許多對沖基金使用與傳統基金相同的流動資產種類，這一點已經得到了很好的宣傳。例如，喬治·索羅斯的量子基金在1987年的股票市場崩盤中，對美國股票做多頭而對日本的股票做空頭。后來，他於1992年9月在英鎊上做空頭；1993年4月在貴重金屬上做多頭；1994年在美元上做多頭，但是在日元上做空頭。然而，不論是在整個時間段上還是在這些特定的時間段上，量子基金的收益率與這些資產種類的相關係數很低。顯然，量子基金不斷變換資產的選擇和槓桿的水平，這必然要對基金的業績和它與其他資產種類的相關係數產生很大的影響。

為了說明這一點，現在讓我們分析一個買賣標準普爾股指期貨合約經理的考慮。如果沒有槓桿作用，那麼這個經理就要對標準普爾股指多頭期貨合約中的資產數量以期貨價格全部買進（也就是說買且持有這些標準普爾指數頭寸），因此就意味著這份期貨合約與標準普爾SP500指數的相關係數為1。反之，如果經理持有一份標準普爾股指空頭期貨合約，相關係數則會為負1。不過，如果該經理在每個月交替持有期貨合約的多頭和空頭頭寸，相關係數就會趨近於零，這是多頭市場和空頭市場的相關係數平均之后的結果。但是，這個經理是在標準普爾股票市場進行運作並且承擔著這個市場的風險，也就是說在上漲的標準普爾股票市場上做空頭，或是在下降的股票市場上做多頭。

這意味著，儘管一個對沖基金可能與某種資產相關係數不大，但這種對沖基金在市場上所暴露的風險程度或規模都嚴重依賴於這種資產。換句話說，對沖基金與市場或資產的相關係數大小和有沒有風險暴露於這個市場是兩碼事。投資者必須謹記的是，如果他們不仔細考慮某個對沖基金與某種資產之間低相關係數的含義，那麼他們的資產組合今后就可能給他們帶來不盡人意的意外結果。

一般對對沖基金錯誤觀點的分析，突出顯示了構建對沖基金投資組合的危險。如果不對它們進行仔細分析並且深刻瞭解它們的操作方式，投資者很可能發現他們要面臨著比預期更大的風險。尤其是對於那些試圖通過對沖基金減少某種資產種類的風險或增加傳統資產組合收益的投資者，以及那些尋找某些對沖基金從而在資產組合中引入低相關係數收益的投資者來說，這一點尤為正確。這並不意味著對沖基金不能為一個投資者的資產組合提高收益和分散風險，而只是表明為了達到上述目的，投資者有必要從一個略微不同的角度去分析問題，並且需要更多的訓練。這就要求投資者充分收集和分析對沖基金的信息。

## 1.4　人人都需要對沖基金

隨著時間的推移，人們對金融衍生工具的作用的理解逐漸深入，對沖基金備受青睞是由於對沖基金有能力在熊市賺錢。

——共同基金（Mutual Fund）

從 1999 年到 2002 年，普通共同基金平均每年損失 11.7%，而對沖基金在同一期間每年贏利 11.2%。對沖基金實現如此驕人的成績是有原因的，而且它們所獲得的收益並不像外界所理解的那麼容易，幾乎所有對沖基金的管理者都是出色的金融經紀。

「天下沒有免費的午餐」，但諾貝爾獎得主哈里·馬柯維茨（Harry Markowitz）將多元化稱為經濟界裡罕見的「免費午餐」。

通過多元化投資，投資者可以在降低風險的同時保持收益不變，或在風險不變的情況下提高收益。

真正的多樣性要容納相悖的選擇，對沖基金自由投資預期高回報的資產包括證券、新興市場證券以及不動產……這些為我們提供了提高收益、降低風險、可以自由搭配的豐盛午餐。

追求低風險、高回報，是每個投資者的追求，對沖基金的投資理念和策略，是值得每位投資者研究、學習、參與的。

# 2

# 對沖基金的短暫歷史

# 2.1 對沖基金發展史

1949 年，阿爾弗雷德·瓊斯拿著妻子的 10 萬美元，和其他 3 個合夥人創立了 A. W. 瓊斯公司——世界上第一家對沖基金公司。

阿爾弗雷德·瓊斯確立了對沖基金架構，並延續至今。其架構為：

一是 20% 的業績提成：基金管理人的激勵與基金業績相掛勾。

二是私募形式：把自己的錢也放到對沖基金裡，這樣基金管理人會更關注虧損。

三是對沖：可以做空。

四是槓桿：用槓桿去放大確定性比較大的收益。

### 2.1.1 迅猛發展

從 1949 年至 20 世紀 60 年代初期，是對沖基金的創始時期，雖然當時取得的業績較好，但發展緩慢，並未引起投資者和金融機構的注意。進入 20 世紀 90 年代以后，隨著金融管制放松后金融創新工具大量湧現，對沖基金才迎來了發展的黃金時期。

根據 HFR 的數據，1990 年年初全球對沖基金管理資產總規模僅為 389.1 億美元，1993 年突破千億規模達到 1677.9 億美元，1999 年年底達到 4500 億美元。2000 年之后對沖基金進入了迅猛擴張的階段，2005 年突破萬億規模達到 1.1 萬億美元，2007 年達到 1.87 萬億美元。

2007 年對沖基金開始掀起了上市風潮。2007 年 1 月，兩家大型對沖基金公司布雷萬霍得（Brevan Howard）資產管理及保利格投資合夥（Polygoan Investment Partners）在交易所掛牌；同年歐洲最大的對沖基金杰奧斯合夥（GLC Partners）在納斯達克上市。

但 2008 年對沖基金規模急遽縮水，降低至 1.41 萬億美元，當年資金淨流出達到 1544.47 億美元。從 2009 年開始隨著全球經濟的復甦，對沖基金規模不斷擴大，至 2010 年末超過 2007 年的歷史規模達到 1.92 萬億美元，2011 年一季度末突破歷史紀錄達到 2.02 萬億美元，三季度末降低至 1.97 萬億美元。

「如果未來沒有大的經濟危機的話，對沖基金的規模仍會保持上升態勢。」HFR（對沖基金研究機構）表示。金融危機之后大家討論比較多的是銀行業的風

險，對沖基金並沒有像銀行等金融機構一樣帶來系統性風險以及給主流經濟帶來很大衝擊。「從這種角度來說，對沖基金的風險和銀行體系的風險有很大區別。」

《富可敵國》一書的作者塞巴斯蒂安·馬拉比表示，如果市場的資金都集中於對沖基金而不是銀行，將會更好。一家大型投資銀行的倒閉帶來的影響比對沖基金倒閉要大得多。

美國頒布的多德–弗蘭克法案中對投資銀行經營對沖基金業務進行了限制，但投資銀行可以成立獨立於銀行帳戶之外的對沖基金業務公司。「這部分的剝離其實可能增加了私有對沖基金的數量和規模。」

值得注意的是，對沖基金的資產管理總額總是持續集中在少數幾個對沖基金巨頭身上。根據倫敦國際金融服務業的統計，在 2003 年時，最大的 100 只對沖基金規模約占全體對沖基金規模的 54%，但 2007 年已增長至 75%。2008 年年初 390 家對沖基金資產管理總額占比 80%。

### 2.1.2　全球投資占主流

從對沖基金註冊地來看，開曼群島是對沖基金最普遍的註冊地。根據 HFR 的數據，截至 2011 年三季度末，33.38% 的對沖基金註冊在開曼群島，百慕大占 4.2%。離岸市場之外最熱門的註冊地則屬美國（大部分註冊於特拉華州），占 24.97%。對沖基金大多註冊在開曼一方面是為了迴避監管，另一方面則是因為開曼的免稅政策。

對沖基金經理大多選擇在離岸市場之外設立營運據點。北美是全球對沖基金最大的聚集地，占 46.7%；歐洲占 6.19%；新興市場占 3.67%。另外，約有 22.28% 的對沖基金在全球均設有營運據點。

從資產配置分佈角度來看，全球投資依然是主流。根據 HRF 的數據，截至 2011 年三季度末，對沖基金全球資產配置占比高達 45.78%，北美地區緊隨其后占 39.1%，西歐占 4.96%，新興市場占 2.72%。

從這個角度來看，美國依然引領著全球對沖基金的潮流，大多數知名的對沖基金也都來自美國。不過根據倫敦國際金融服務公司（IFSL）的數據，對沖基金中美國從業者的比重有降低的趨勢，2007 年美國從業者占 67%，2002 年高達 82%。歐洲的從業者在這期間從 12% 上升至 22%。

## ━━ 2.2 著名的對沖基金

### 2.2.1 老虎基金

1980 年，對沖基金中的黃埔軍校「校長」朱利安·羅伯遜集資 800 萬美元，創立了老虎基金管理公司。1993 年，老虎基金管理公司旗下的對沖基金——老虎基金配合索羅斯的量子基金攻擊英鎊、里拉成功，獲得巨大的收益，從此聲名鵲起。它在股市、匯市投資中同時取得不菲的業績，公司的最高盈利（扣除管理費）達到 32%，在 1998 年的夏天其總資產達到 230 億美元的高峰，一度成為美國最大的對沖基金。1998 年下半年，老虎基金在一系列的投資中失誤，從此走向下坡路。2000 年 3 月 31 日，羅伯遜在老虎基金從 230 億美元的巔峰，跌落到 65 億美元的不得已的情況下，宣布清盤。但此后，羅伯遜對從老虎基金中離開的人員創立的基金進行投資，誕生了一個個小老虎基金，這些基金統稱為老虎家族基金。

### 2.2.2 量子基金

由喬治索羅斯於 1969 年創立的量子基金，在全球的對沖基金投資業績一直處於前列。

1992 年，量子基金賣空英鎊，一個多月淨賺 15 億美元，而歐洲各國中央銀行共計損失了 60 億美元，事件以英鎊匯率下挫 20%而告終。1997 年 7 月，量子基金大量賣空泰銖，從而引發亞洲金融危機。至 1997 年年末，量子基金已增值，資產總值近 60 億美元。在 1969 年注入量子基金的 1 美元，到 1996 年底已增值至 3 萬美元，即增長了 3 萬倍。2008 年以后，索羅斯基金上只為其家族的自有資金進行投資。

### 2.2.3 橋水聯合基金

雷·達里奧（Ray Dalio）的橋水聯合基金（Bridgewater Associates），連續兩年登上了世界對沖基金英雄榜（LCH）的前 10 名。這家基金是世界上規模最大的對沖基金，約有 1300 億美元的水平。除了管理資產龐大以外，橋水的獨特之處是在它的所有客戶中有 300 家是機構投資者。它們的平均投資額為 2.5 億美元。在戴利奧和羅伯特·普林斯的共同領導下，橋水善於創造不同的利潤流，鑑別貝塔、市場驅動型回報、阿爾法、基於技能回報，然后把它們打包成與客戶需求兼容的個

性化戰略。該公司通過債券和貨幣管理外包提供阿爾法戰略。但是當機構開始轉向其他資產類別和關注額外利潤源時，橋水也在調整戰略。

達里奧在 2012 年年初被業內評為對沖基金史上最成功的基金經理。橋水旗下的純阿爾法基金（Pure Alpha Fund）在 1975—2011 年為投資人淨賺了 358 億美元，超過了索羅斯量子基金自 1973 年創立以來的總回報。美聯儲前主席保羅·沃克爾曾評價說，達里奧的橋水基金（Bridgewater Associates）對經濟的統計分析甚至比美聯儲的更靠譜。

這家掌管著 1300 多億美元資產的頂級對沖基金隱匿在康州西港（Westport）的樹林裡，遠離紐約華爾街的喧囂。

### 2.2.4　英仕曼集團

多年來，英仕曼集團是全球第二大對沖基金管理公司，管理的資產規模達 680 億美元，其業務框架主要由三大類別組成：AHL（管理期貨基金 CTA）、GLC（由 30 多個策略的基金組成的多策略基金）以及收購不久的 FRM（對沖基金的基金）。此外，英仕曼擁有一支由卓越投資專家組成的龐大團隊，就投資管理以及客戶服務的每個範疇，都給予強勁的支持。

### 2.2.5　保爾森公司

保爾森公司管理著約 360 億美元的資產（其中 95% 為機構投資者）。據《阿爾法》雜誌統計，僅約翰·保爾森個人在 2007 年的收入就達到了 37 億美元，一舉登頂 2007 年度最賺錢基金經理榜，力壓金融大鱷喬治·索羅斯和詹姆斯·西蒙斯。一時間，約翰·保爾森在華爾街名聲大震。「對沖基金第一人」、「華爾街最靈的獵豹」等稱號紛紛被冠在了他的頭上。在接下來的三年中約翰·保爾森與保爾森基金持續穩定盈利。直到 2011 年 6 月 3 日，保爾森所持 3740 萬股的嘉漢林業（Sino forest）瞬間爆出一系列的財務醜聞，渾水調查公司給予嘉漢林業「強烈賣出」的評級，同時給出的估值不到 1 美元（當時股價為 18 加幣）。導致嘉漢林業公司市值在兩個交易日內蒸發了近 33 億美元，而保爾森基金面臨了 4.68 億美元的虧損。從 2012 年年初開始，到 2013 年 10 月左右，保爾森一直是黃金多頭，基金損失很大，但這些否認不了他在 2008 年全球金融危機中獲得的輝煌戰績。

### 2.2.6　孤松資本

孤松資本始建於 1997 年，由斯蒂夫·曼德爾（Steve Mandel）創建，總部設在

康涅狄格州的格林威治、在倫敦、香港、北京、紐約均設有辦事處。孤松資本是一家私人擁有的對沖基金，在世界各地的公共股權市場進行投資。從最初的 800 萬美元開始，直到該基金成為了打理自有資金的「超級基金」，為約 56 億美元的投資者和自有資金估計為 150 億美元的曼德爾先生服務。

大多數人相信，曼德爾先生的成功可以歸因於他「自下而上」的投資。他把重點放在企業的基本問題上。曼德爾先生認為，在公共股權市場中對企業進行深入的基本面分析，瞭解其做法、營運和未來的增長，這是重點，並影響到最後的選股和決定是否投資以及投資時間或長或短。不像大多數的對沖基金管理人，曼德爾先生巧妙地依靠他強烈的個人判斷能力和快速決策的反應來及時調整投資頭寸。孤松資本在花旗集團（Citigroup）和斯倫貝謝公司的增持是證明曼德爾先生靈巧之至的投資風格的最好的例子。

### 2.2.7 高瓴資本（Hillhouse Capital）

高瓴資本（Hillhouse Capital）是全球最大的對沖基金之一。成立於紐約，總部在新加坡，在上海、北京均設有辦事處，與耶魯大學基金有千絲萬縷的關係。自 2005 年耶魯大學投資基金辦公室（Yale Endowment）提供 3000 萬美元創立高瓴資本以來，高瓴資本取得了長足的發展。高瓴資本擁有其他人羨慕的業績——它自創立以來，年均複合回報率高達 52%，即便在 2008 年出現了 37% 的跌幅。高瓴資本擁有許多基金缺乏的靈活性，可以自由地投資於公開市場和私人市場，向創業型的公司提供成長所需的資本，並在這些公司上市前購入其大量的股份。例如中國知名社區籬芭網、京東商城以及遠東國際租賃等公司。

### 2.2.8 文藝復興科技（Renaissance Technologies）

文藝復興科技，又稱為大獎章基金，成立於 1988 年，其創始人為詹姆斯·西蒙斯（James Simons）。他是世界級的數學家，擔任著美國數學協會的主席（Math for America）；他是歷史上最偉大的對沖基金經理之一，在全球投資業內，他的名氣並不亞於索羅斯，更被認為是保爾森、達利歐這些業內領軍者的前輩。他也是全球收入最高的對沖基金經理之一，年淨賺 15 億美元。「量化基金之王」是別人對這位國際投資行業領袖最尊貴的稱呼。

文藝復興科技公司幾乎從不雇用華爾街的分析師，它雇用了由數學博士、物理學博士及自然科學博士組成的超過 150 人的投資團隊。用量化模型捕捉市場機

會，由電腦做出交易決策。

自 1988 年成立以來，西蒙斯的文藝復興科技公司在全球市場中進行投資，年均淨回報率高達 34%。無論是 1998 年俄羅斯債券危機，還是 21 世紀初的互聯網泡沫，基金歷經數次金融危機，始終屹立不倒，令有效市場假說黯然失色。

作風低調的西蒙斯很少接受採訪。在僅有的幾次接受國外媒體採訪時，他透露稱：「我們隨時都在賣出和買入，依靠活躍賺錢。」他只尋找那些可以複製的微小獲利瞬間，而絕不以「市場終將恢復正常」作為賭註投入資金。

### 2.2.9 奇爾頓公司（Chilton Investment）

奇爾頓公司由理查德·L. 奇爾頓（Richard L. Chilton）先生於 1992 年成立，管理著超過 65 億美元的資產。其核心的投資策略是通過價值導向的基礎研究和紀律嚴明的投資組合來進行管理。奇爾頓首先鞏固了長期投資的理念，其紀律嚴格的文化是一個非常明顯的標誌。

### 2.2.10 城堡投資（Citadel Investment Group）

城堡投資管理著 130 億美元，是目前最大的也是最活躍的對沖基金之一，它的日交易量相當於倫敦、紐約和東京交易所當日交易量的 3% 左右。

## 2.3 對沖基金風雲人物

### 2.3.1 喬治·索羅斯（George Soros）

喬治·索羅斯身價：190 億美元。

這位宏觀對沖的鼻祖人物於 2011 年退休，並將他的對沖基金變成一個家庭辦公室，退回了 10 億美元給外部投資者，這讓他避免了對沖基金行業更加嚴格的監管。他並且給公司帶來一位新的首席投資官來管理他自己以及其他慈善基金的錢。出生於布達佩斯的索羅斯從納粹的侵略中活了過來，並且於 1969 年創立了量子基金。自從 1979 年以來，索羅斯為人權、教育、公共醫療等共捐獻了 85 億美元。在 2012 年 8 月，他 82 歲生日時，他宣布和 42 歲的女友多美子·博爾頓（Tamiko Bolton）訂婚。他英文版的《金融煉金術》，可惜無法完全消化他著名的反身理論。

### 2.3.2　卡爾‧愛卡（Carl Icahn）

卡爾‧愛卡身價：148 億美元。

雖然已經 76 歲的高齡，但 Icahn 一點沒有顯示出衰老的跡象。2011 年，他的基金是表現最好的對沖基金之一。2012 年，因為在愛美林（Amylin），漢‧克斯特（Hain Celestial）和艾爾‧帕索‧能源（El Paso Energy）上成功的投資，表現依然強勁。他是著名的企業狙擊手，通過收購企業，改變管理層而獲得成功。他已於近期把錢退還給了外部投資者，目前專心管理自己以及員工的資金。

### 2.3.3　詹姆斯‧西蒙斯（James Simons）

詹姆斯‧西蒙斯：身價 110 億美元。

這位量化投資之王於 2010 年正式從復興資本退休，不過依然是這只全球最有影響力的量化對沖基金的最重要人物。這位麻省理工大學的畢業生曾經在美國國防部工作過。1982 年他創建了復興資本，通過模型進行高頻交易以尋找市場的無效性，回報率並不亞於巴菲特。

### 2.3.4　約翰‧保爾森（John Paulson）

身價：110 億美元。

他五年前是「The Greatest Trade Ever」的交易人，然而最近兩年他最大的基金都出現雙位數的業績下滑。包括花旗的財富管理中心都開始從他的基金贖回。基金管理規模下滑了 140 億至 210 億美元，而他個人的身價去年也下滑了 40 億美元。這位黃金長期看好者，最近也開始看好地產。他的基金最近在拉斯維加斯買了 875 畝的地，而他自己也在科羅拉多從沙特王子手中以 4900 萬美元買了 90 畝的土地。他於 1994 年成立他的對沖基金，並於 2007 年通過做空次貸獲得 35 億美元。2010 年他賺取了 49 億美元，創了對沖基金記錄。

### 2.3.5　雷‧達里奧（Ray Dalio）

身價：100 億美元。

全球最大對沖基金橋水基金（Bridgewater）的掌門人，管理 1300 億美元的資產。2011 年，當大部分對沖基金表現不佳的時候，他的基金取得了 20% 以上回報。他使用的管理方式飽受爭議，包括錄像所有會議、鼓勵員工間說最真實的話。今

年 63 歲的他，於 1975 年在曼哈頓的公寓創建了 Bridgewater，公司預計 2017 年在康州的斯坦福（Stanford）建立新的總部，預計容納員工 2000 名以上，員工數是現在的一倍。

### 2.3.6　斯蒂夫 · 柯恩（Steve Cohen）

身價：88 億美元。

他是沃頓商學院高材生，畢業后先是做了期權交易員，1992 年創建了著名的 SAC 對沖基金，今天規模已經從當初的 2500 萬美元擴張到了 130 億美元。2011 年他獲得了 8% 的正收益，2010 年成為收益最高的對沖基金經理。他還擁有紐約大都會棒球隊 4% 的股權，是絕對的華爾街大佬。

### 2.3.7　大衛 · 特普（David Tepper）

身價：55 億美元。

他曾經是高盛的交易員，1993 年在再次錯過當選高盛合夥人后，他創辦了自己的對沖基金愛普羅莎（Appaloosa）。他的成名作包括 2009 年大舉買入銀行股，獲得高額的回報。目前 Appaloosa 管理著 120 億美元的資產。他還是匹茲堡鋼人橄欖球隊的小股東。

### 2.3.8　布魯斯 · 卡納（Bruce Kovner）

身價：43 億美元。

他自從 1983 年創立卡斯通聯合基金（Caxton Associates）之后就一路為投資者賺取了 120 億美元的淨收益。2011 年 9 月他宣布退休，將公司剩下的 100 億美元資產規模交給了前首席信息官安得魯 · 拉伍（CIO Andrew Law）。卡納（Kovner）曾經中途放棄在哈佛的博士學位，做過出租車司機，學過大提琴。31 歲時，他將用信用卡借來的 3000 美元通過大豆交易變成了 45,000 美元。

### 2.3.9　保爾拖德 · 瓊斯（Paul Tudor Jones）

身價：36 億。

他是華爾街著名的棉花交易員，20 世紀 80 年代就出道了，而且很好地預測了 1987 年的大股災。他喜歡打獵和釣魚，在佛羅里達州和坦桑尼亞都擁有私人的打獵領地；名下有 16 輛車；目前管理著 120 億美元的資產規模。他向慈善基金羅賓

漢（Robin Hood）也捐獻了 12.5 億美元。

### 2.3.10　克恩·格利芬（Ken Griffin）

身價：31 億美元。

他是著名對沖基金城堡投資（Citadel）的創始人，旗下旗艦基金克思通（Kensington）和威靈頓（Wellington）在 2011 年和 2012 年都表現優異。業績慢慢從金融危機后的低谷回到之前的水平線。公司也不得不把投行業務賣給富國銀行。Griffin 在哈佛讀本科的時候就開始投資，畢業的時候已經管理 100 萬美元的資金。畢業后芝加哥對沖基金經理夫蘭克·梅耶（Frank Meyer）給他提供了種子資金，讓他在 1990 年開創了 Citadel。Griffin 還是藝術品收藏者，為收藏賈思帕·瓊斯（Jasper Johns）的名畫《錯誤開始》（「False Start」）花了 8000 萬美元。

### 2.3.11　愛德華·蘭伯特（Edward Lampert）

身價：32 億美元。

他和另一位對沖基金大佬丹尼爾·奧克（Daniel Och）都曾經在高盛魯賓（Rubin）的套利交易部干過。1988 年他出來單干，成立了股票多空策略（ESL）對沖基金。他的成名作是買入倒閉的凱馬特（Kmart）的債權，並且獲得巨大收益。他目前最新的賭註是用自己的資金買入 1.3 億美元的零售商西爾斯（Sears）股票，因為連他自己 ESL 的投資者和自夫（Ziff）家族都不想再玩下去了，要套現了。

### 2.3.12　約翰·阿諾德（John Arnold）

身價：30 億美元。

他是最著名的天然氣交易員，成名作是 2006 年打敗了當時另一家能源對沖基金阿姆蘭斯顧問（Amaranth Advisors）。2010 年他的森塔拉斯（Centaurus）對沖基金表現不佳，2011 年取得了 9% 的扣費回報。但是他決定於 2012 年退休，和太太勞拉（Laura）做慈善事業。他的職業生涯從 1995 年在安然從事能源交易員開始，只 2001 年一年他就為安然賺取了 7.5 億美元。

### 2.3.13　大衛·沙奧（David Shaw）

身價：29 億美元。

他是著名量化對沖基金德劭集團（D. E Shaw）的老大。這位斯坦福的博士目前已經不再管理 D. E. Shaw 的每日營運了。他在 1988 年創建了這只量化基金，在此之前他是哥倫比亞大學電腦專業的教授，之后去了摩根斯坦利。他的公司招人非常嚴格，每 500 名申請者中只有 1 人能被錄取。他也是奧巴馬和克林頓總統科技顧問委員會的成員。

### 2.3.14　艾思拉爾・英格蘭德（Israel Englander）

身價：27 億。

他出生於布魯克林，在紐約大學獲得本科學位，然后沒有讀完 MBA 就去華爾街做交易員了。他於 1990 年創建了米爾尼姆合夥（Millennium Partners），他的特點是不收任何管理費。公司目前管理 163 億美元，歷史上只有 2008 年一年虧過錢。

### 2.3.15　史丹利・居阿克米爾（Stanley Druckenmiller）

身價：27 億美元。

他是索羅斯曾經的左右手，阻擊英鎊和東南亞金融危機背后真正的指揮官。2010 年 8 月關閉了自己的對沖基金達誇思資本（Duquesne Capital），可能離開索羅斯業績反而做不好。

### 2.3.16　朱利安・羅伯遜（Julian Robertson）

身價：26 億美元。

規模一度世界第一的老虎基金創始人羅伯遜，目前依然是許多小老虎基金和對沖基金的導師。包括去年業績優異的切斯・高曼（Chase Coleman），著名的維基全球（Viking Global）等都是來自原來的老虎基金。很可惜他在網絡股票泡沫前夜清盤，否則將更偉大。他目前管理自己的 4.5 億美元資金。他在新西蘭擁有 2 個酒莊和 3 個高爾夫球場。

### 2.3.17　丹尼爾・奧克（Daniel Och）

身價：23 億美元。

他創立的奧克自夫（Och-Ziff）對沖基金是全球唯一上市的對沖基金。整個 2011 年和 2012 年對於他來說都不太好。他也是羅伯特・魯賓（Robert Rubin）在高盛時候的愛徒，和愛德華・蘭伯特，托馬斯・思特耶（Thomas Steyer）一起出

道。他於 1994 年用 Ziff 家族資助的 1 億美元創建了 Och-Ziff。

### 2.3.18　利昂·克普曼（Leon Cooperman）

身價：22 億美元。

他 1965 年開始在施樂的質量控製公司工作，在獲得了哥倫比亞大學 MBA 之后去了高盛，一步步成為資產管理部門的經理。1991 年離開高盛創建了自己的奧料伽顧問公司（Omega Advisor），目前管理 61 億資產。2012 年在 69 歲的高齡，他的基金還是得到了 22% 的回報。

### 2.3.19　格蘭·杜賓（Glenn Dubin）

身價：17 億美元。

1992 年，他和兒時的好友一起創辦了高橋資本（Highbridge Capital）。他們以紐約市最古老的橋為公司命名，打造了全世界最優秀的另類資產投資公司。2004 年，他們把公司大部分股權以 13 億的價格賣給摩根（JP Morgan）。目前這家基金管理 280 億美元的規模。Dubin 依然是公司的主席及 CEO。

### 2.3.20　切斯·高曼（Chase Coleman）

身價：15 億美元。

他年僅 37 歲，是目前最炙手可熱的對沖基金明星。他的基金 2011 年回報超過 45%，2012 年依然取得超過 20% 的回報，是兩年加起來回報率最高的對沖基金。他來自著名的老虎俱樂部，是朱利安·羅伯遜（Julian Robertson）的門徒。

### 2.3.21　詹姆斯·迪南（James Dinan）

身價：14 億美元。

他哈佛商學院畢業后先去了投行唐納德森，拉夫金和簡利特（Donaldson, Lufkin & Jenrette）公司工作，1987 年黑色星期一那天，他虧掉了所有的積蓄，之后就幾乎不用槓桿了交易。他於 1991 年創建了約克資本（York Capital），他的成名作是 1993 年在西爾斯（Sears）的投資，半年就翻倍。目前他的基金規模 150 億美元。

### 2.3.22　路易斯·巴孔（Louis Bacon）

身價：13 億美元。

他是著名的摩爾資本（Moore Capital）的創始人。

### 2.3.23 馬克·拉思利（Marc Lasry）

身價：13 億美元。

他是從摩洛哥到美國的移民，畢業於紐約大學法學院，之后去了克文（Cowen）做破產重組。1995 年他創建了大道資本（Avenue Capital）。

### 2.3.24 唐·絡博（Dan Loeb）

身價：13 億美元。

他直接導致雅虎戰勝斯柯特·湯普森（Scott Thompson），並且幫助他們聘用了馬利莎·梅耶（Marissa Mayer）。他經常直接給公司高管寫信，批評管理層。

### 2.3.25 托馬斯·思特耶（Thomas Steyer）

身價：13 億美元。

他是著名的法拉龍資本（Farallon Capital）的老大，管理 200 億美元的資產，和耶魯基金會的斯文森是好友。

### 2.3.26 斯蒂芬·曼德·爾（Stephen Mandel Jr）

身價：12 億美元。

他曾經是老虎基金的消費行業分析師，之后創立了孤松資本（Lone Pine Capital），管理著大約 200 億美元的資產規模。

### 2.3.27 尼爾森·帕爾茲（Nelson Peltz）

身價：12 億美元。

他的風格是類似於伊坎（Icahn）這類的公司狙擊手。

### 2.3.28 理查德·奇爾頓（Richard Chilton Jr）

身價：12 億美元。

他是奇爾頓（Chilton）對沖基金創始人，於 1992 年創辦 Chilton，目前管理 65 億美元的資產規模。

### 2.3.29　亨利·思維卡（Henry Swieca）

身價：12 億美元。

他是高橋資本（Highbridge Capital）的另一位創始人。

### 2.3.30　大衛·英納（David Einhorn）

身價：12 億美元。

他是德州撲克高手，當初還是做空雷曼的高手，而且還是紐約大都會棒球隊的股東。

### 2.3.31　保爾·西格（Paul Singer）

身價：11 億美元。他是艾略特資產管理（Elliott Management）的創始人，管理 200 億美元資產，他的公司自從 1977 年創立以來年均回報率 14%，主要投資破產債務。

# 對沖基金的投資策略

策略之間沒有高下，但是要符合自己當前的情況和投資環境。如果投資多年還是沒啥收益，或者不投資還好，越投資反而虧損越多，就表示投資者沒有選擇好投資策略。因為不同時期的投資環境不一樣，所以需要的投資策略就不一樣。

投資本身是沒有複雜含義的，但每個人對同一個投資的看法不同，目標不同，選擇的投資策略也不同。投資不是按照絕對數量而是按照願望進行的。不是所有的投資策略都要熟悉掌握，而是要學會按照自己的要求選擇合適的策略。

進行投資的過程中，必須摒棄貪婪和恐懼，將每個機會視為平等的投資機會，有機會就一定有收穫，不要恐懼，因為機會得到市場發掘後就失去進一步獲利的空間。所以不貪婪的更加重要的辦法是，如果有機會才進行投資，沒有機會，不要亂動。

對沖投資策略不再是對沖基金分類的決定性因素。例如在 MAR 的分類中，宏觀基金、全球基金很難看出與對沖策略有必然的聯繫。多頭基金與空頭基金都是市場趨勢的追蹤者，也與對沖沒有太大的關係。在對沖策略基金中，只有市場中性、行業對沖、重大事件驅動對沖基金與「對沖投資策略」存在很強的相關性。VHFA 的分類中可轉換套利基金、固定收益基金的分類側重於對沖基金的投資的品種，與是否採用「對沖投資策略」也沒有很強的相關性。空頭基金、市場時機基金都是關注於市場的趨勢，與對沖並無關係。對於市場中性對沖基金而言，其目的是盡可能承擔較小的風險，「對沖投資策略」只是其手段之一，不是唯一的手段，還有其他數量化的手段可以使用。不對沖權益基金更是直截了當地聲明其與「對沖投資策略」毫無關係。所以 MAR 和 VHFA 對於對沖基金的定義、分類都無法做到清晰與明確：

第一，分類的標準不統一。

在 MAR 的分類中，宏觀基金側重的投資依據是宏觀經濟變量，全球基金側重的是沒有地域限制，多頭基金、專事賣空基金側重的是投資策略具有趨勢性，重大事件驅動基金側重的是基金的基本面分析。VHFA 的分類也同樣存在問題。可轉換套利基金、固定收益基金側重於投資品種，兼併套利基金側重於上市公司的基本面分析。分類標準不統一帶來的直接后果是各類對沖基金難以歸類。例如一家專門從事賣空紡織行業內上市公司的基金，可以視為行業對沖基金也可以視為賣空基金。專注於新興市場不幸事件的基金，既可以視為新興市場對沖基金也可以視為不幸事件基金。重大事件對沖基金其定義更難把握，重大事件可以涵蓋政府的經濟決策變動，也可以涵蓋企業的重組兼併等重大行為，不同基金經理對其存

在不同的認知，劃分上很難找到統一標準。

第二，分類標準與定義相脫節。

MAR 的定義也與其分類標準相脫節，MAR 認為對沖基金應該具有激勵方式、槓桿、套利等特徵，但是其分類中並沒有體現這些特徵，實際上很多對沖基金對風險管理非常重視，限制槓桿的使用，只有很少的對沖基金使用槓桿工具。VHFA 認為對沖基金主要採用金融衍生工具。這也是非常牽強的看法，對沖基金並不是一定要使用金融衍生工具。例如很多新興市場，交易工具非常少，有的根本就沒有衍生工具，在這種情況下，新興市場基金除了 OTC 外很難找到合適的衍生工具。權益對沖基金、權益市場中性基金、不對沖權益基金很多也沒有用到複雜的金融衍生工具。

不幸事件對沖，即當不幸事件發生時，將收受益方與受損對沖。

行業對沖，即通過基本面分析，選擇行業之間的兩組股票分別做多與沽空。

長短倉，即同時買入及沽空股票，可以是淨長倉或淨短倉。

市場中性，即同時買入股價偏低及沽出股價偏高的股票。

可換股套戥，即買入價格偏低的可換股債券，同時沽空正股，反之亦然。

全球宏觀，即由上至下分析各地經濟金融體系，按政經事件及主要趨勢買賣。

管理期貨，即持有各種衍生工具長短倉。

對沖基金的最經典的兩種投資策略是「空頭」（Short Selling）和「槓桿」（Leverage）。

空頭，又被稱作短置，即買進股票作為短期投資。具體做法是把短期內購進的股票先拋售，然後在其股價下跌的時候再將其買回來賺取差價（Arbitrage）。短置者幾乎總是借別人的股票來短置（「多頭」，Long Position，指的是自己買進股票作為長期投資）。在熊市中採取短置策略最為有效。假如股市不跌反升，短置者賭錯了股市方向，則必須花一大筆錢將升值的股票買回，吃進損失。短置投資策略由於風險高企，一般的投資者都不採用。

「槓桿」（Leverage）在金融界有多重含義，其英文單詞的最基本意思是「槓桿作用」，通常情況下它指的是利用信貸手段使自己的資本基礎擴大。信貸是金融的命脈和燃料，它通過「槓桿」這種方式進入華爾街（融資市場）和對沖基金產生「共生」（Symbiosis）的關係。在高賭註的金融活動中，「槓桿」成了華爾街給大玩家提供籌碼的機會。對沖基金從大銀行那裡借來資本，華爾街則提供買賣債券和后勤辦公室等服務。換言之，武裝了銀行貸款的對沖基金反過來把大量的金錢用

佣金的形式返給華爾街。

用空頭和槓桿進行投資的標的資產，因種類和投資工具不同，可區分為：

第一，股指期貨對沖。

股指期貨對沖是指利用股指期貨市場存在的不合理價格，同時參與股指期貨與股票現貨市場交易，或者同時進行不同期限、不同（但相近）類別股票指數合約交易，以賺取差價的行為。股指期貨套利分為期現對沖、跨期對沖、跨市對沖和跨品種對沖。

第二，商品期貨對沖。

與股指期貨對沖類似，商品期貨同樣存在對沖策略，即在買入或賣出某種期貨合約的同時，賣出或買入相關的另一種合約，並在某個時間同時將兩種合約平倉。在交易形式上它與套期保值有些相似，但套期保值是在現貨市場買入（或賣出）實貨、同時在期貨市場上賣出（或買入）期貨合約；而套利卻只在期貨市場上買賣合約，並不涉及現貨交易。商品期貨套利主要有期現對沖、跨期對沖、跨市場套利和跨品種套利四種。

第三，統計對沖。

有別於無風險對沖，統計對沖是利用證券價格的歷史統計規律進行套利的，是一種風險套利，其風險在於這種歷史統計規律在未來一段時間內不一定能繼續存在。統計對沖的主要思路是先找出相關性最好的若干對投資品種（股票或者期貨等），再找出每一對投資品種的長期均衡關係（協整關係），當某一對品種的價差（協整方程的殘差）偏離到一定程度時開始建倉——買進被相對低估的品種、賣空被相對高估的品種，等到價差迴歸均衡時獲利了結即可。統計對沖的主要內容包括股票配對交易、股指對沖、融券對沖和外匯對沖交易。

第四，期權對沖。

期權（Option）又稱選擇權，是在期貨的基礎上產生的一種衍生性金融工具。從本質上講，期權是在金融領域將權利和義務分開進行定價，使得權利的受讓人在規定時間內對於是否進行交易行使其權利，而義務方必須履行。在進行期權交易時，購買期權的一方稱為買方，而出售期權的一方則稱為賣方；買方即權利的受讓人，而賣方則是必須履行買方行使權利的義務人。期權的優點在於收益無限的同時風險損失有限，因此在很多時候，利用期權來取代期貨進行做空、對沖交易，會比單純利用期貨套利具有更小的風險和更高的收益率。

其他對沖的策略有：

（1）套利策略：這是最傳統的對沖策略。

（2）指數增強組合+指數期貨空頭：滾動年阿爾法（Alpha）分佈，基於 90 只融資融券標的組合統計套利表現。

（3）Alpha 策略：變相對收益為絕對收益。

（4）中性策略：從消除 Beta 的維度出發。

（5）全球宏觀策略：經典定義是為了從宏觀經濟趨勢中獲利，對任何資產類別（股票、債券、貨幣、商品等）、任何投資工具（現金、衍生品等），以及世界上任何資本市場，進行做多與做空的槓桿交易。

在確定投資策略以後，對沖基金還需要確定交易模型。

對沖基金經理要做一個中規中矩的模型出來不是困難的事情，做出真正有用的模型才是目的。對沖基金的模型隨著電腦的不斷升級也被充分地開發，但是，並不是越複雜的模型越精確。在藝術和實用之間，對沖基金經理顯然選擇的是模型的實用。市場失率讓他們對模型的要求報有更為實用的期望。

現在最新的模型，可能是由人工智能建立的。實際上，人工智能可以用於多個領域的開發，而不僅僅是對沖基金。現在的人工智能已經具有人類的一些特徵，它們可以閱讀、學習、判斷、自動操作等。人好像一個精密的儀器，這個儀器的核心就是人的大腦。人通過大腦進行思考、學習，不斷進化，不斷完善。人工智能就體現了這一切。將人工智能用到對沖基金，就可以不斷進行自我學習。在這個信息不斷爆炸的時代，快速的學習能力是非常重要的。每天各種觀點都湧現出來，有一些是好的觀點，有一些是垃圾觀點，人工智能可以快速識別出這些觀點之間的聯繫，哪些是東拼西湊得到的、哪些是有嚴密邏輯的。在沒有觀點的時候，人工智能甚至可以通過對歷史數據的挖掘得到自己的邏輯判斷。快速進行學習是人工智能的一種模式。進行自我進化可以讓其隨時修正自己的弱點。

同時，人工智能還有很多優點是人所不具備的：它從來不休息，也不會效率低下，更不會為了各種慾望消磨自己的時間；它可以有記憶，但是它做決定的時候也可以不受到個人偏見的影響。神經網絡、遺傳算法，這些技術上的支持已經讓人工智能的實現不再是一個夢想。對沖基金正在人工智能方面進行嘗試，但還屬於起步階段。

在投資策略和交易模型之外，很多基金經理還對將來進行各種預測，然而預測往往是不準的。如果基金經理都有預測的本事的話，就應該叫預測師，或是算卦的。預測將來就好像人在下跌時會在半空中亂抓一氣、抓到什麼算什麼，希望

可以不要跌得那麼慘。所以投資預測一件困難的事，若預測結果不確定，基金經理則可以根據各種情況作出及時的調整來減少損失的風險或獲取額外的收入。

宏觀的環境就像一把大傘，在這把傘的下面覆蓋了所有的經濟活動。當這把傘張得大一點的時候，投資者在這把傘下面的感覺就寬鬆一些，當這把傘變小的時候，所有的投資者就緊緊的擠到一起，心情當然也就不好。在宏觀環境不好的時候，大家都等待著環境變好，以期有機會再投資。在這時，政府往往起到一個刺激的作用，通過貨幣政策和財政政策刺激經濟，加大投入拉動需求。在經濟環境變好的前期，發電量、港口、鐵路、公路貨運量、工廠開工率等都會發生明顯的改觀，一旦這些指標的趨勢確立，宏觀經濟的趨勢就可以確立下來。傘就變大了，經濟活動變頻繁了，投資的機會也就多起來。這時候如果寬鬆的貨幣政策不加以改變，可能會導致高通貨膨脹。不管怎麼樣變化，在經濟環境好的時候，所有的投資都比較容易賺到錢，投資者心情也比較放鬆；而在環境變差的時候，大家都對未來充滿了悲觀的情緒，錢袋子也捂得很緊，在這個時候人的心理是非常緊張和失望的。

這就是人與機器不同點：人有感情。人在面對金錢的時候尤其如此。對於金錢的貪婪和對失去的恐懼，會使得人做出很多沒有辦法用在溫室中培養花朵那樣的價值投資法則解釋的交易行為。大規模的買入或者拋出股票，在很多時候是缺乏基本面的因素的，這個時候影響投資者行為的因素都是心理上的博弈。學術界也注意到這個重要的因素，因而形成了專門的學科：行為金融學。

很難發現有投資者在投資對沖基金，特別是中短期的投資中不考慮這個因素的情況。在投資的時候，投資者除了有好的邏輯之外，能夠形成自己的一套包括了行為因素的決策系統是決勝的先決條件。有一些對沖基金已經善於在這些行為裡尋找套利機會。這些對沖基金經理在觀察市場達到一致的預期後，推斷投資者的心理及會採取的動作，然後到相反的一方進行操作，因為事實常常表明多數人選擇的擁擠的道路往往是通往失敗的道路。在長期的投資中，也有對沖基金經理堅持自己的假設和理念，不管外部的情況怎麼變化，他們都可以在損失中忍耐，因為相信自己的選擇是理性的選擇，而市場和投資者從長期來看是比較理性的。而且關注長期投資的對沖基金投資人也不考慮其他投資者在恐慌的情緒下贖回問題，這給基金等待最佳的交易時機提供了很大的方便。

下面會對幾個典型對沖基金投資策略進行描述：

## 3.1 全球宏觀

全球宏觀策略擁有以下四個特點：

第一，投資範圍非常廣闊：全球宏觀策略可能是對沖基金中投資範圍最廣的一類基金，幾乎在所有的主要市場中（股票、債券、貨幣、商品市場等）都會出現該類基金，且其會在全世界範圍內掃描投資機會。這會使對沖基金投資人有機會在任何時間內都能尋找獲利機會，因為當一個金融市場缺乏機會或流動性時，根據全球宏觀策略，投資人並不需要堅守在這個市場，他們完全可以到另外的市場中尋覓機會。例如，著名的宏觀對沖基金之王索羅斯，既可在 1992 年選擇英鎊作為狙擊對象，也可在 1997 年通過做空泰銖獲利。

第二，自上而下的宏觀研究：全球宏觀中的「宏觀」一詞就代表該類對沖基金投資獲利的依據主要來自宏觀分析。全球宏觀策略是試圖利用宏觀經濟的基本原理來識別各類金融資產價格的未來趨勢或錯誤定價。同時，由於全球宏觀策略涉及市場眾多，且投資策略靈活多變，難以通過量化模型進行程序化交易，因此全球宏觀策略通常以主觀的決策判斷為主。

第三，常為方向性投資：全球宏觀通常不是市場中性的，而是利用做多/做空對資產價格變動方向進行下註，例如做多美國股市或做空日本債券。因此，對全球宏觀來說，選擇時機意味著一切，這對基金經理在全球宏觀經濟的理解上提出了相當高的要求。

第四，槓桿的使用：全球宏觀在對某一個投資方向下註時，通常會利用槓桿，因此其收益和風險都被放大。方向性投資與槓桿的使用使全球宏觀策略天生就具有較大的波動性，一旦判斷正確，投資者可獲得巨額利潤，反之，虧損同樣巨大。

## 3.2 事件驅動

事件驅動策略（Event Driven Strategy，或 EDS）的對沖基金經過幾十年發展，已是海外對沖基金中最主流的策略之一。根據歐利卡對沖（Eurekahedge）數據統計，至 2013 年 6 月份事件驅動策略管理的資金約占對沖基金總資產的 13％，為目前份額占比排名前三的對沖基金策略。

### 3.2.1 海外事件驅動策略介紹

事件驅動策略關注並投資特定公司的證券，這些公司正在經歷或者將要經歷重大事件，包括：陷入經營困境；重組、收購、合併；資產剝離、股份回購；破產等。當公司處於這些重大事件時，不確定性構成其典型特徵，這些事件可能使得某些公司價值被低估，也可能使得某些公司價值被高估，如果基金經理能夠發現並正確預期事件的最終結果，那麼他們將能獲得巨大的投資收益。

經驗告訴我們，即使在發達國家的市場，市場也不是完全有效的，市場的「無效」總會存在，這種無效性最經常出現的領域就是公司重大突發事件。由於此類事件的信息難以獲得，而且市場會不斷消化消息並修改其股票價格，因此這類事件常會引起股票價格的劇烈波動。可以說，專注於事件驅動策略的對沖基金經理，非常依賴於靠強大知識庫支撐的複雜的公司事件模型、交易的可靠信息以及公司層面的研究，基金經理是否具有豐富的投行經驗將在極大程度上決定投資的成敗。一些激進的基金經理在公司轉變過程中以及在為投資者賺取收益的過程中甚至起著推波助瀾的作用。

按照投資側重的不同，國際上將事件驅動策略分為以下三類：

#### 3.2.1.1 併購套利（Merger Arbitrage）

併購套利可能是最廣為人知的事件驅動策略，它偏重於公司併購帶來的投資機會。最常見的是買入被收購公司的股票，同時沽空採取收購的公司的股票。一般來說，在甲公司公布將以某價格收購乙公司時，出價一般會高於乙公司現有價格。乙公司股票價格會上漲，但一般不會立刻達到甲公司的出價，因為總有不能成交的風險。併購套利的基金經理如果相信收購會成功，他們會購買乙公司股票同時沽空甲公司股票。有時還會有第三方競價者加入，這樣會對併購套利基金有利，因為這會引起價格戰並將價格推更高。併購套利可能使用股票期權代替股票，其風險主要來自於併購活動的失敗。

#### 3.2.1.2 特殊境況（Special Situation）

在特殊境況這一分類中，對沖基金經理嘗試從其他特殊的公司事件中獲利，例如，資產出售、資產剝離、資產重組、股票回購、定向增發、股東及管理層行動等。

#### 3.2.1.3 困境證券（Distressed Debt）

困境證券偏重於投資那些面臨財務或者經營困境的公司。這些公司可能正經

歷嚴重的營運或財務困難，甚至已經開始出售資產進行重組，實施債務股權置換或已申請破產保護。對於困境證券，對沖基金經理需要確定在哪些時候市場低估了成功的重組、出售或者清算帶給債券所有者的潛在收益，他可能買入也可能賣空，一般來說，買入被市場嚴重低估的問題公司，賣空尚未被市場察覺的問題公司。困境證券基金的風險主要來自於低流動性以及處理困境證券所面臨的法律風險，例如破產法等。

## 3.3　對沖基金的槓桿

### 3.3.1　槓桿：一把雙刃劍

　　如同我們所看到的那樣，槓桿是構成對沖基金運作的一個重要因素。而且它還是基金經理的收益以及給投資者增加價值或好處的一個重要組成部分。但是什麼是對沖基金的槓桿，而且它為什麼對對沖基金和它們的收益是如此重要呢？

　　用簡單的話說，對沖基金槓桿（Hedge Fund Leverage）：基金頭寸或資產的價值超過資本的部分。基金頭寸的市場或名義（Notional）價值超過投資者所提供的資本越多，對沖基金的槓桿就越大。資本是五億美金而頭寸是六億美金的基金所具有的槓桿比率是 1.2：1。這就是說對基金的每一美元資本來講，它在市場上敞開的頭寸所具有的價值是 1.2 美元。基金在頭寸上比資本所多出的一億美金是基金所借入的數量。因此某個基金的槓桿比率就直接與它所能借入的貨幣數量相關，借入的貨幣可以用來對高於資本的頭寸進行融資。

　　由於槓桿可以增加頭寸的規模，所以它就可以使經理們增加收益。因為許多的基金經理是根據他們的業績獲取收入的，所以槓桿比率越大，基金潛在的收益和業績費用（Performance Fees）就越高。通過高槓桿比率來提高費用通常對某些對沖基金經理而言有很強的誘惑。我們將會在下面看到，這個問題在組合基金中會更為嚴重，因為在組合基金中往往很難查明槓桿比率。

　　為了瞭解槓桿是如何增加收益的，我們使用一個具有 5 億美金資本的基金進行案例分析，看一下在不同的市場上和不同的槓桿假設下這個基金投資於某個頭寸所產生的結果。如果槓桿比率為 2：1，同時經理獲得 5% 的頭寸收益，那麼這會使該經理淨賺 500 萬美元，這個收益占初始投資的 10%。如果槓桿比率為 3：1，同時經理獲得了 10% 的頭寸收益，那麼這個經理淨賺 1500 萬美元。這個收益是初始

投資的 30%。用其他的話說，槓桿可以增加收益。然而，這是把雙刃劍。槓桿在增加收益的同時，也會放大損失。在市場行情下降的時候對經理的業績表現會產生什麼樣的影響：如果經理損失了 5% 的頭寸，但是槓桿比率是 2：1，那麼該經理就會淨賠 500 萬美元，這相當於是初始投資的 10%。如果經理損失了 10% 的頭寸價值，同時槓桿比率是 3：1，那麼就會導致其淨賠 1500 萬美元，這相當於 30% 的初始投資。這對任何對沖基金經理而言都是重重的一擊。

在投資史上，某些投資者成功地使用超過 50：1 的槓桿比率。然而幾乎沒有人能夠持續很長時間使用這麼大的槓桿比率，這是因為它可以成倍地放大甚至是很小的逆向價格波動。這已經在長期資本管理公司（Long Term Capital Management）的例子中得到了充分的體現，過高的槓桿比率放大了相對很小但是沒有預期到的價格波動，同時加速了該公司在 1998 年夏季的瓦解。過高或是不慎重的槓桿比率實際上是對沖基金在波動異常或是下降的市場環境中遭到損失的主要原因。我們將會在后面看到，槓桿的技術通常會進一步加速下降的效應，而這種效應與槓桿在上升時的放大效應是不對稱的，這就增加了對沖基金在逆向市場環境中的危險。

雖然存在著潛在的風險，但槓桿本身從本質上說既不是件好事情，也不是件壞事情。當我們能夠很好地並且很謹慎地使用槓桿時，它就會成為一種強有力的投資管理工具，可以增強經理抓住有利市場波動的靈活性的能力。

### 3.3.2　作為投資工具的槓桿

類似於所有其他有效率的投資者，對沖基金的經理們需要向自己問下面的七個問題：

（1）我應該買什麼？我的頭寸或者是說風險暴露是多少？

（2）我應該怎樣買？我應該使用什麼樣的金融工具來得到所需要的風險暴露？

（3）我的時間長度是多少？我的投資應該持有多長時間？

（4）什麼時候我需要賣出？我的投資利潤目標是什麼？

（5）我的止損是多少？我在該項投資中所願意承擔的最大損失數量是多少？

（6）我應該買多少？我應該使用多大的槓桿比率？

（7）我的資產組合在該項投資中所占的比例有多大？我應該在總的資產組合中持有多大槓桿比率？

從這些問題中我們可以看出，在投資決策過程中槓桿在兩個問題上會成為關鍵：頭寸水平（我應該買多少）和資產組合水平（我應該持有多大的資產組合來

符合我的購買量）。這兩個問題的說明方式會對經理的資產組合和風險回報組合（Risk/Reward Profile）產生巨大的影響。在回答這些問題之前，我們首先需要明白對沖基金創造槓桿的機制。

### 3.3.3　對沖基金如何創造槓桿

我們已經知道槓桿是由經理借錢的能力決定的，借錢是為了在購買數量上超過基金資本的頭寸。在今天的金融市場上，經理們有許多的方法可以創造槓桿，為了簡化起見，我們把槓桿的創造分為下面的四種類型。

我們瞭解了這些創造槓桿的工具，就可以明白它們是如何起作用的，同時也可以理解這些工具對投資者有什麼意義。

第一，無抵押貸款。

作為獨立的公司，對沖基金經理可以把基金的金融信息提交給銀行，然後憑藉其歷史業績和預期收入向銀行尋求貸款。為了確保貸款的歸還，基金只是使用了公司資產負債表和損益表中所反應的融資能力，並沒有抵押其任何的資產。只有那些最大和最為知名的基金才可以成功地獲得這種貸款。

第二，有保證貸款。

為了確保某項貸款的安全，除了向銀行提供其運作的金融信息以外，對沖基金需要向借出資金的銀行抵押某個資產（金融或是其他類型）。貸款額是抵押資產價值的某個百分比，這個百分比是由抵押品的流動性、出售的難易程度和安全性決定，比如高質量的流動證券（例如美國短期國庫券）抵押的貸款通常是抵押品面值的95%。也就是說，通過抵押價值為一美元的高質量證券，一只基金可以得到95美分的貸款。這5美分的差額通常被稱做是「剃頭」（Haircut），它是一種安全保證金，有了它，貸款者相信一旦碰到基金違約從而被迫出售抵押品的時候，他們的利益可以得到保證。通常來講，證券的流動性越差，或者是證券的信用等級越低，剃頭的額度就越高，從銀行中得到的貸款就越少。關於這點，對我們來說重要的是懂得貸款者是唯一能夠決定抵押品價值的實體；同時更為重要的是，他們也是唯一能夠決定剃頭數量的實體。而且，抵押品價值並不是固定不變的，它會在貸款的期限內根據貸款者的要求隨時發生變動。

只要抵押品的價值低於銀行確定的水平，那麼銀行就會要求基金保持原有價值水平，或是要求給銀行注入現金或是證券作為新的抵押。一旦基金無法實現銀行方面的要求，那麼銀行就可以收回貸款，賣掉抵押頭寸，同時對基金不能歸還

的數額提出訴訟。

第三，保證金帳戶。

我們可以通過保證金帳戶購買股票、期貨和其他的衍生工具。保證金帳戶是指另外一種形式的有保證貸款，我們可以使用它來對金融工具的頭寸進行融資。實際上在主要的金融市場上，從股票和債券到衍生工具和外匯，它們都存在著某種形式的保證金貸款。保證金的形式和具體操作可能會隨著市場的不同而不同，這取決於市場的慣例和管理方法。

在一個基本的保證金貸款中，通過所購買的資產本身或是現金（或其他高度流動性和高質量的證券）來給貸款提供保障，經紀人或是其他的金融仲介會給基金購買的資產融通資金。現金的數量或是保證金（Margin）通常是由證券的市場風險（Market Risk）決定的，這個市場風險是以統計為基礎對將來波動的一種估計。也就是說，保證金是由經紀人對證券價值變動的評估決定的，這種變動是他們對需要出售抵押品來回收貸款這種情況考慮的結果。除了保證金帳戶以外，經紀人往往還需要增加另外一層保護，這個保護是由內部信用指導原則和地方的管理要求決定的。對於美國的股票而言，全國證券交易商協會（NASD）和紐約股票交易所（NYSE）要求最低保證金是證券價值的25%。這就是說一個精明的投資者可以在美國藍籌股上獲得大約4:1的槓桿比率，即每抵押一美元，他們可以持有4美元的頭寸。對於其他的資產而言，根據資產、市場、經紀人和所適用的管理規則，對沖基金經理可以獲得從5:1到20:1不等的槓桿比率。與有保證的貸款不同，頭寸和抵押品的價值至少是以天為基礎進行衡量的，而且在許多的情況下是根據通行的市場價格以實際時間（Real Time）進行衡量的。雖然抵押品的定價不像抵押貸款那樣任意，給頭寸融通資金的經紀人仍然可以在任何時候根據他們的意志增加或是改變保證金要求。

第四，金融工具。

許多類型的衍生工具允許經理持有某種頭寸，而這些頭寸的報酬（Payoff）可以複製現貨市場的某個槓桿化頭寸的價值。這些工具使經理可以繞過建立和管理一個保證金帳戶會遇到的所有問題，因為實際上這個責任被轉嫁給了發行或是構造該項金融工具的金融仲介。

### 3.3.4 金字塔式增加槓桿（Pyramiding Leverages）和隱藏槓桿

有了這些基本構件，對沖基金的經理可以把槓桿融入到業務操作的各個環節

上。這種靈活性通常會使對沖基金的經理們對投資者和貸款者隱藏所使用的槓桿比率。

一個基金經理憑藉 5000 萬美元的基金從銀行借入了一筆沒有抵押保證的貸款 100 萬美元，這筆錢被用來購買政府債券。然后他用債券做抵押從另外一家銀行申請了一筆剃頭為 10% 的貸款。最后，他用第二筆貸款的收益購買了一張結構票據（Structured Note）。這種債券的報酬等同於基金最初購買的債券報酬，但是它的槓桿比率為 3：1。通過這些操作，這個基金經理就把 100 萬美元的政府債券頭寸轉化為另外一個頭寸，這個頭寸暴露於市場的風險等同於價值為 570 萬美元（計算方法為：（100＋100×0.90）×3 ＝ 570）的同樣債券所暴露的風險，這說明增加了 470% 的市場風險暴露。

基金的槓桿比例只有三分之一（3.80/11.40 ＝ 1/3）可以容易地以銀行的借款為基礎加以確定。剩下的基金槓桿比例被隱藏在投資組合中所持有的結構票據中。

隱藏槓桿是對沖基金信用信息交換所（Hedge Fund Credit Information Clearing House）不能有效控製對沖基金槓桿的原因之一。從理論上說，這些交換所應該有助於查明那些經營業績差、槓桿比例過高的對沖基金。但是，隱藏槓桿的誘惑非常大，而且對沖基金的經理們通常也能找到隱藏槓桿的方法來規避這些報告信息的義務。

隱藏槓桿的使用十分普遍，尤其是對投資者的領域組合基金領域。許多銀行願意持有對沖基金的股份，並把它們作為貸款的抵押物。這就使得組合基金的創辦者用類似的機制逐漸增加（也就是所謂的「金字塔式」的增加）他們的槓桿，直至把內生於基金操作的槓桿增加到由銀行通過抵押股份所能提供的限度。這種形式的槓桿對於組合基金的創辦者很有吸引力，因為它大幅提高了基金的收益，同時也衝銷了對沖基金創辦者的費用（除原生基金的費用以外多出的費用）對基金業績的影響。在這些組合基金中，某些基金結構可以使投資者承受的有效市場風險暴露大得驚人：一旦把它所有槓桿的不同部分和水平公布於眾后，槓桿比率可能會超過 50：10。

在考察槓桿比率機制方面的某些問題時，我們需要注意的是使用槓桿的經理們為了得到貸款向貸款者所給予的影響力和相機抉擇的權力。正是貸款者所擁有的這種影響力導致了現實世界中在槓桿背后的風險和回報之間存在著事實上的不對稱。

### 3.3.5 存在槓桿不對稱的風險和回報組合

一個謹慎的貸款者將會盡力保證收回貸款。這就意味著抵押物品的估值將依賴於現在流行的市場條件，因此估值在上升和下降幅度相似的市場中會產生不對稱的現象。具體地講，在市場條件不好的時候，貸款者會趨向於給抵押物品一個較低的估值。這可以增強對他們的保護，同時減少一只基金所能夠持有的槓桿水平。當一只基金的流動性非常差時，這種情況通常會發生，從而會迫使基金平倉來增加現金，以便歸還貸款和滿足保證金的要求。這個過程的淨效應是槓桿會迫使基金在下降的市場比在上升的市場會更快地把損失貨幣化，這樣就會對他們的業績產生負面的影響。

這是一個複雜的問題，所以我們將使用以不幸基金（Happiless Fund）的運作為基礎進行案例分析。不幸基金是個假想的基金，它從投資者那裡得到了 100 萬美元的資本金。

我們首先假設不幸基金使用 100 萬美元的資本金購買價格為 100 萬美元的五年期美國國債。然后它以這份國債為抵押向銀行申請了 50 萬美元的貸款（也就是說銀行的折扣為 50%）。最后，基金用這筆貸款去購買更多同樣的國債。這些交易的淨結果是使不幸基金頭寸的名義價值從 100 萬美元增加到 150 萬美元，這樣槓桿比率就是 1.5：1。在建立起不幸基金的基礎頭寸后，我們看到銀行的貸款用抵押品來保證，抵押貸款比例是 2：1。這樣，由於 50% 的剃頭，它接受的抵押物品的風險暴露是其貸款風險暴露的兩倍。同時，我們也會看到不幸基金的風險是如何暴露在利率變動中的。具體地說，如果利率下降，基金將會盈利，因為它在國債上的投資將會增加價值。如果利率上升，基金將會虧損，因為它在國債上的投資將會減少價值。讓我們分析這兩個情況來搞清楚利率的上升與下降會如何影響不幸基金的業績表現。

第一，利率下降 5%。國債的價格將從 100 萬美元上升到 105 萬美元。不幸基金投資頭寸的價值會從 150 萬美元上升到 157.5 萬美元。由於國債價格的上升，不幸基金在銀行存放的抵押物品的價值也會同時從 50 萬美元上升到 52.5 萬美元（不幸基金抵押在銀行的國債中有 50 萬美元以貸款的形式回到了不幸基金的帳戶內，所以存放在銀行的抵押品需要扣除 50 萬美元）。這樣，不幸基金在銀行的抵押物品就有 2.5 萬美元的超額價值，這筆數額的資金從理論上說是可以提取並且用於購買更多的國債。這些交易對資產負債表的影響反應在行情上漲時不幸基金的形式

資產負債表中。

資產價格的上升使銀行的抵押貸款比例從 2：1 增加 2.1：1（105/50＝2.1）。因為市場行情上漲，所以銀行方面把多出的 2.5 萬美元抵押數額貸給不幸基金就沒有問題。這樣做了以后，銀行的抵押貸款比例從 2.1：1 下降到 2.05：1。也就是說，上升的市場可以有效地增加銀行的信用頭寸。

第二，利率上升 5%。國債的價格會從 100 萬美元降到 95 萬美元。不幸基金投資頭寸的價值從 150 萬美元下降到 142.5 萬美元。同時，存放在銀行的抵押國債的價值從 50 萬美元下降到 47.5 萬美元。在其他的情況相同時，不幸基金現在保證金缺口為 2.5 萬美元。不幸基金現在要麼多付給銀行一筆現金，要麼賣掉它現值僅為 95 萬美元的抵押品去償還 50 萬美元的貸款。這些交易對不幸基金資產負債表的影響反應在市場行情下降時不幸基金的形式資產負債表中。

我們現在已經明白基金價值的下降可能要比由市場價格決定的下降大得多。在行情下降的市場中，我們可以很容易地看到螺旋式的發展情況是怎樣脫離人們的控制的。面對第一輪的價格下降，憑藉保證金借款的基金如果槓桿比率高，同時現金少，那麼它們就可能被迫以虧損的價格賣出頭寸來籌集現金，用以歸還它們的貸款或者是滿足保證金的要求。這種出售會引發價格更進一步的下降。新一輪的下降可能會使其他的銀行提高抵押需求，這樣就會迫使具有同樣頭寸的其他經理們出售頭寸。槓桿頭寸的解除可以迅速地波及其他的市場上，從而迫使更多擁有同樣槓桿頭寸的投資者出售手中的證券。

這種市場上放大的資產價格下降變動機制並非只是理論上的抽象概念。在 1987 年 10 月、1994 年 9 月和 1998 年 8 月，市場價格就突然發生了急遽的下降，這些時期內市場的崩潰就與市場要求使用槓桿的參與者滿足保證金的效應緊密相關。

我們已經看到了為什麼槓桿在下降市場中會對對沖基金特別有害。我們也看到了僅僅靠觀察對沖基金入帳了的貸款或依賴於保證金的證券數量，是不太可能準確地查明槓桿比率的。所以，我們需要找到其他的一些方法來查明槓桿比率以及它對對沖基金業績的潛在影響。

### 3.3.6 查明對沖基金中的槓桿

（1）牆上的陰影。

鑒於槓桿在對沖基金中的重要性和它難以理解的本質，所以對於投資者來說，

找到查明槓桿比率和度量其使用的方法是至關重要的。

查明互助基金中的槓桿相對容易一些。互助基金的收益在很大程度上由基金所投資的原生資產的市場行情所決定。這樣，大幅超出原生資產收益的部分只能是槓桿的結果。而且，基金收益比原生資產收益在向下波動幅度上的增加標誌著槓桿是否被有效利用。

用這種方法來分析對沖基金的情況就比較複雜了。因為技能是對沖基金收益的關鍵因素，所以基金不太可能只是投資於一種原生資產。並且，許多基金能夠迅速地改變它們的風險等級（Risk）。正因為如此，我們分析和查明槓桿都必須要清楚、準確和詳盡地獲取經理在所有頭寸上的數據，這樣就使事情變得更加複雜。

有人看到對沖基金世界中只有有限的數據和有限的透明度，似乎就認為我們的工作是徒勞的。不過事實上，如果我們願意接受某些粗略的近似，那麼查明對沖基金中的槓桿並不那麼複雜。為了理解這一點，讓我們設想一下：如果我們想要辨別出一個看不到的物體的形狀，我們可以試圖通過它投在牆上的陰影來識別。只要我們得到了光源和牆上的各種信息，我們就可以對物體的形狀有清晰的認識。

雖然槓桿比率不依賴於它的來源或形式，但是槓桿卻總是在經理收益的分佈方式中留下清楚的印記。儘管槓桿某些機制方面的信息可以被隱藏，但是要隱藏它的效果是不可能的。明白了這一點，我們就能運用對沖基金的收益分佈來識別基金中存在的槓桿比率。對沖基金收益的分佈就是不為外人瞭解的槓桿投射在牆上的陰影。

（2）衡量它是否被有效使用。

作為投資者，我們在考察對沖基金的槓桿時想要知道的第一件事情是槓桿的使用效率如何。我們知道槓桿放大了一個基金的盈利和虧損。因此，觀察一個基金是否成功使用槓桿的方法是看槓桿是否使基金增加的利潤在比例上要大於增加的損失。也就是說，那些成功使用槓桿比率的經理會看到他們在成功頭寸上的收益要大大高於在失敗頭寸上的損失。作為第一個近似，我們可以使用經理超過無風險利率的收益。也就是說，某位對沖基金經理高於美國短期國債利率（T-bill rate）的額外收益可以讓我們瞭解這名經理可能面臨的處境。

因此在得到一位經理的歷史記錄後，從他的收益中減去這段時期內適用的短期國債收益率，我們就可以推知這名經理給我們的組合帶來的額外收益和額外風險。

然而，僅僅根據經理比短期國債利率上高出的風險和收益，我們還沒有得到

充分的信息來瞭解經理給我們的資產組合所帶來的價值增值。如果我們管理的是一個複雜的資產組合，我們真正想要做的是估計經理關於特定的資產種類所帶來的價值增值。這就要求我們把經理投資資產組合的收益和風險與那些進行相同類型活動和使用相同策略的基金的收益和風險進行比較。

很明顯，這種方法需要假設我們能夠識別一個可比的同組指數（Peer Group Index）或是一個可接受的指數來代表經理、同組。為了簡單起見，讓我們假設我們已經做到這一點。關於額外收益率的確定是很直截了當的。我們再次選用經理的歷史記錄，並從指數中減去適當的收益（元風險收益率）。通過觀察經過調整后的分佈性質，我們就可以瞭解經理使用槓桿比率的大小和是否有效使用了這個槓桿比率。

## 3.4 做空

做空是對沖基金投資策略中非常鮮明的與其他基金不同的投資策略，做空有時也稱賣空。

在國內可能你閱讀過的研究報告多數都是推薦你買入股票。但是股票一定是有跌的時期，賣空就是要關注到這一時期股票。

為什麼有人要賣空。賣空的人對股票是持悲觀的看法的。這種悲觀不是與生俱來，而是被現實中這些公司的表現一再挫敗，憑著自己對資本市場的瞭解，在別人發現問題之前就採取行動。如果別人都發現不了問題，就只有對沖基金經理發現了問題然後進行賣空，那股票的價格是不會跌下來的。對沖基金經理會找出估值偏高的股票，進行賣空，如果市場的泡沫越大，那麼在泡沫破滅的時候，經理們的收穫越大。

如果在賣出的時間點的選擇上缺乏見識和勇氣，比如不知道為什麼要賣出股票，不能及時賣出的話，就很難在股市中保住自己的財富。就好像在行軍打仗的時候，只知道部署和進攻，而不知道之后怎麼樣撤退，再多的部隊也有可能全軍覆沒。

賣空需要技巧，排在第一的技巧就是要判斷現在的市場是牛市還是熊市。在牛市的時候，你最好不要買空股票，因為這個時候賣空后要用更高的價格買回。在熊市的時候，是賣空的好時機，賣空一定可以給你帶來盈利。在熊市到來的時候，股價下跌的速度往往是一瀉千里，遠遠比上漲的速度要快。把握住下跌的時

機，可以在非常短的時間段裡面得到非常豐厚的利潤。但是要注意避免在熊市的晚期進行賣空，那樣在面對突然來到的牛市時，損失將非常慘重。

在國內還沒有賣空機制實施的時候，在熊市中就只有完全賣出股票，才能保護自己的財富。但問題是什麼時候熊市會來臨，熊市來臨的時候有什麼預兆？一般來說，股價從最高的價格開始向下跌 15% 以上，就需要警惕是否熊市來臨。如果下跌是持續的，就要考慮退場。在熊市的時候，重新調整組合買入藍籌股或者抵制下跌的股票，希望進行抵抗是錯誤的做法，這樣做只是一廂情願，因為所有的股票都在下跌，你進行調整也不能改變下跌的趨勢，只是虧錢的多少不同而已。這樣做的還有一個壞處就是，下跌的情況是只有有苦自知，在一輪接一輪的下跌的過程中，你會發現所有的公式和模型都失效，挫敗感和與日俱增的壓力讓你不得不賣出股票，同時你發現已經虧得太多太多。

在聽到一些負面的消息就要進行賣空是錯誤的，你要考慮大盤在什麼時候開始疲軟，然后再判斷是否賣空。因為大盤的走勢可能會持續一段時間，如果你這個時候賣空，就會損失慘重。所以，不要過多過快地進行賣空，最好要有耐心，在判斷大盤走勢之后再謹慎賣空。

如果你想避開這些股，就看看身邊哪些股被機構不斷買進將股價推高，因為每一次的股價推高到新的高度，都會引起更多的投資者關注，而最終成為眾人關注的對象。在你身邊，你會聽到每個人都在談論這個股票業績多好，對股票價格的預期也不斷提高。當每個人都在追捧這只股的時候，這只股票也就走到頭了。

所以，賣空是一個等待開發的空白地段。與傳統的尋找被低估的公司的趨勢相比，很少一部分人去研究被高估了的股票。也很少有投資管理公司在其投資組合中不斷賣空股票。在分析師與被調研的公司的關係建立中，公司通常希望分析師不要對其公司進行負面的評價，至少不要提出賣空的推薦，那樣會導致關係破裂。破裂的關係不僅是研究的關係，也可能是公司另外的業務，比如投資銀行業務也受到影響。所以，報喜不報憂就成為業內公開的秘密。因為這些壓力，分析師要對一個公司進行賣出的推薦是非常困難的。這就給基金經理提供了一個很大的發揮的空間。要辨別出這些公司股票價值也不是太難的事情，比如公司的產品難以量化，難以被理解，或者公司的公眾聲譽即將受到嚴重的損害等因素都能使公司股票價值降低。

下面我們通過一個案例來介紹如何尋找被高估的公司。

主人公林羽是一個在著名的對沖基金公司中新入職的分析人員。他的同事中

有大量的非常成功的分析師，他注意到其中還沒有以做空為主要投資策略的分析師，他打算從做空來入手。

第一點他就想到的是，這是他進這家公司的第一個投資。這關係到他在部門經理心中的印象。他第一步就是找出一些受到外界環境負面影響的行業，然後從中選出了一些基本面很糟糕的公司（例如現金流情況糟糕、PE 比率超高、低 ROE、高負債），同時他找出了一些催化劑因素，這些催化劑因素應該會在近期內發生才有價值。因為他知道任何一個公司都可能持續多年被高估，這個高估持續的時間如果沒有相應的催化劑，就會一直被高估下去、一年、兩年，或者更久。被高估是不可怕的，可怕的是被高估後一直沒有針去戳破這個泡泡。這個針就是催化劑。同時，股權結構發生改變，包括公司管理層大量拋出手中股票的情況的公司也落入他的研究範圍。在經過大的篩選后，他建立了一個自己的股票池，然后一家一家分析。

在池中有一家公司叫星星股份。星星股份的報表非常好看，也有很動聽的成功故事。但是他仔細閱讀了星星股份的財務報表，三遍居然沒有讀懂，於是他懷著非常警惕的心情去仔細讀第四遍，並將重點放在腳註，這一次，他發現有太多的壞帳、誇大的房地產價值、庫存也基本上是已經過時的產品等問題。

經過努力工作，他得出星星股份是做空最佳的候選公司，再通過與星星股份的供貨商、客戶等交流和結合行業週期、板塊選擇、資金流、趨勢等因素，他更加肯定了自己的判斷。他決定向部門經理匯報自己的研究結果。

在做出這個決定之前，他的目光落在星星股份的一份薪酬報告上：星星股份的管理層的薪酬是與業績掛勾的，短期的業績考核主要是用股價來衡量，股價高就是為股東創造了價值，低就是損害了股東的價值。要是他賣出的報告提交給公眾后，這些管理層知道情況后會非常生氣，因為他們的績效與股票的價格相關，所以他做出的賣出的決定讓這些管理層的年終獎可能泡湯。如果他們的股票價格達到 60 元每股，他們就可以獲取每個人大概 100 萬元的獎金，而如果股票價格低於這個金額，按照薪酬委員會的規定，他們只能得到基本的年薪；不足 10 萬元一年。所以他的這個決定讓星星股份的管理層非常惱怒。大量拋售股票勢必帶來股票的價格下滑。雖然他說的是事情的真相，就是管理層們實際上是在減少股東的價值，但是這種話在公共場合講出來的那一刻，管理層們就把他加入了黑名單。也就是他以后再也不能期望從他們那裡得到公司的經營信息了。他們也可能會對他進行攻擊稱其專業水平並不高、不稱職。這並有可能在其他的上市公司中產生

影響，以致其他上市公司也會對他保持距離。公司現在正在進行的星星股份的併購業務也可能被終止。他也在迷惘，是否該保持自己的獨立性？將該公司的真實情況告訴給投資委員會，進行賣空？

他的部門經理讓他放手去做，他的部門經理說：「獨立性的判斷是非常可貴的，但是你要回答我幾個問題。」

「好的。」

「最多可以賺多少？最多損失多少？」

他回答：「如果賺的話，最多就是現在的價格乘以多少股數，就是 60×股票數量，因為到時價格接近於零，我買回來的時候幾乎不用成本就可以買回證券來還給經紀。但是如果是損失的話，就不一定了，因為到時高於這個價格都可能是損失。而價格可以升到多高，就會有多少損失。現在的價格是 60，我不知道半年後是否會升到 600，如果那樣，我們就損失 550×股票數量。」

「那你的這個股票數大概是多少，你心裡有沒有數？」

「有的，出於流動性的考慮，我們只考慮大市值的公司，這家公司的市值就屬於是大市值的，這個公司的股票比較容易借到，這一次我打算借 500 萬股。」

「那我們借這麼一大筆數量的話，經紀方面會不會有什麼問題？」

「這個不一定，如果合同中註明了經紀有權隨時要求償還這些股票的話，就可能會因為參加股東大會等原因突然很急地要回這些借出的股票。這個時候的股票價格可能並不是最佳的買回時機，但是沒有辦法，也得承這著一部分損失。」

「那好吧，你放手去做。」

在股票的市場價格是 49 元的時候，他從經紀那裡借了 100 萬只股票，全部在市場中賣出去了。如果這個時候股票的價格不跌反而升的話，他也是必須要從市場中購入股票來償還的。那意味著一筆不小的損失。一個股票的上升空間是無限的，也就是，他潛在的損失是無限的，這給他帶來了不小的壓力。但是股票在接下來的兩個月裡面，一路上揚，星星股份的 CEO 也在公開的場合聲稱「有些人賣空我們的股票是錯誤的決定」，媒體也在造勢炒作，股票的價格一度上升至 80 元。

按這個時候的價格計算，他損失了 3100 萬元（即（80-49）×500）。恐懼和壓力壓迫著他，到了夜裡他也因無法釋放自己的壓力而失眠，市場是否就要這樣一直不理性下去？他夜裡常常打開燈閱讀星星股份的年報，越讀越堅定，但是就是不知道，他期望的催化劑是否按照預期發生。

但是 2 個月之后，人們對這只股票在極度的樂觀之后陷入了極度的恐慌，這種

恐慌來自央行提高了利率減少流動性，同時星星股份的庫存被曝有做假，也有新聞報導星星股份的股權結構會發生大的改變。一時間資本市場氣氛緊張，星星股份的負面消息更是遍地。緣於急切的獲利了結的心理，大家紛紛開始拋售星星股份這家基本面很糟糕的公司的股票。短短 4 個月后，股票的價格從最高的 80 元一路跌到 15 元。他終於等來了他的催化劑：市場流動性的改變和星星股份的財務舞弊行為被發現。在日期到期的時候，他按照 15 元一只的價格在市場中買回 100 萬只股票，在不計各種費用之前他獲得的回報是 3400 萬（即（49-15）×500）。部門經理獎勵他，從利潤中給他 10% 的獎勵，就是 340 萬。

這一次的勝負完全在於林羽選股的能力和對時間的掐準，以及他反向操作的勇氣。

在每一天的工作中，林羽都恪守時間去完成每一項工作。他來到這家公司後，部門經理對他說：「其實你做的工作跟公募基金的原理是一樣的，之前，你的績效是按照既定的有績效標準，與這個標準的配置相比低配就相當於賣空，而超配就相當於買入。你可以使用的與普通公募基金一樣的分析方法，無論是基本面分析、技術分析、還是統計分析都可以，市場也是同樣的市場。現在情況不一樣的地方在於我們沒有參照的業績標準，只有絕對的數值作為標準。不同的地方是，這裡的交易可以使用槓桿、可以賣空，給你的薪水也與公募基金不同。這個時候的賣空不僅是減少風險，同時也是增加回報的一個途徑。」

這個時候林羽面臨很多的選擇，選擇方法可以是由上至下，也可以是從下而上；可以關注價值型的，也可以選擇增長型的；可以是大盤股，也可能是小盤股；可以是短期的操作，也可以是長期的投資；可以跟尋市場的趨勢，也可以反向操作；可以關注一個地區的股票，也可以選擇更寬廣的地域；可以選擇對市場有泛泛的認識，也可以選擇作為一個行業的專家深入挖掘。

他想覆蓋多一些是不現實的，於是就將研究的覆蓋範圍縮小，按照地域來劃分，選擇了他覺得在最近有很多外部催化劑的地區作為一個篩選的標準。

在確定了的框架下進行選擇，新新股份和星星股份很快進入了他的視線。新新股份和星星股份是同一個行業的公司，不同的是新新股份的規模比星星股份要大，更有經濟效益，技術上新新股份有的專利也比星星股份多出許多。長期的競爭，讓新新股份的利潤率越來越大，星星股份被不斷排擠打壓，銷售量明顯下降。最近星星股份迫於國內市場的競爭壓力，開始打算開展海外的併購項目，希望通過併購來增加自己的競爭力。在他看來，星星股份的海外併購策略是失敗的，

歷史上的海外併購大多以失敗告終。星星股份要收購的某國公司基本上不用掏錢，被併購的公司要求不裁員，這樣就不給當地的治安環境帶來影響，同時各種手續一路綠燈。星星股份認為這次撿到便宜，因為併購后也是要招人，不裁員也是合理的要求。幾乎零成本的收購，從資產負債表看，能增色不少。

但是林羽認為，他們的這種方法極端愚蠢，天下哪裡有免費的午餐。一定是個爛攤子，上一任持有人才會這樣急於脫手。這個項目必定給公司的價值予以嚴重打擊。

他先是買入了新新股份所在行業的多只股票，同時賣空星星股份的股票。在這個時候，他的獲利已經不再隨著市場的漲跌而漲跌。如果整個市場在漲，他可以從新新股份的股票獲利，同時星星股份的股票會蒙受損失，但是如果新新股份的利潤是大於星星股份的利潤，總的來說他是賺錢的。同樣，整個市場跌的時候，他在新新股份的股票會損失，但是在星星股份股票會獲利，新新股份比星星股份好的基本面使從星星股份獲得的利潤高於在新新股份的損失，綜合起來仍然是獲利。所以，此時獲利與否取決於對兩個公司相對的表現的判斷，而不再與市場有關係。

他按照這個策略，分別對新新股份和星星股份的股票進行操作，等待事態的進一步發展。

按照他的計算，新新股份的股票的價格應該在 69 元，但是現在市場價格只有 49 元。他買入低估的新新股份的股票 100 萬股。但是，他期待的催化劑卻遲遲沒有到來，股票怎麼樣也上不了 50 元。他被套住了，被套在一只被市場低估但是又無法快速恢復公平價值的股票上。有一些股票可能會長期被低估，而林羽不希望他手上的新新股份的股票一直這樣下去。回報遲遲上不去，他也心急如焚，得想想辦法增加投資回報。於是，他去找部門經理。

「我打算賣出一些歐式的期權處於價外狀態的看漲期權給 S 公司，執行價格是 69 元，這樣可以收到一些期權的溢價，增加一些收入。」

「這樣做如果股票升到 69 元以上呢？」

「如果股票價格升到 69 元以上，比如到了 80 元，S 公司會來我們這裡按照 69 元的價格買入股票，我們也必須按照這個價格賣給 S 公司。所以，我們的買入成本是 49 元，市場價格是 80 元，但是我們的盈利只有到 69 元，剩下的被 S 公司拿走了。不過 S 公司拿走也沒有關係，我們的投資目標達到了，我們的預計是市場價格漲到 69 元，我們不僅達到了目標，同時還有一筆期權的溢價收入。如果市場價格

是 69 元也是一樣的情況。」

「聽起來不錯，那如果市場價格一直到不了 69 元呢？」

「那樣的話，S 公司直接在市場中買新新股份的股票更加便宜，就不會來找我們行權。而我們也收到了期權的溢價，這筆收入可以增加我們的投資回報。」

「聽起來是當下不錯的解決方案。那星星股份怎麼辦？」

「星星股份我們是在 34 元的時候賣空的，我計算星星股份的股票價格會跌到 24 元，也就是要跌 10 元才會到合理的空間。我打算賣出一些歐式的期權處於價外狀態的看跌期權給 M 公司，執行價格是 24 元，這樣我也同樣可以收到期權的溢價。」

「那如果價格跌到 24 元以下呢？」

「星星股份的股票價格跌到 24 元以下，或者價格正好是 24 元，M 公司會來賣星星股份的股票給我們，按照 24 元的價格賣給我們。他們如果在市場上賣出的話，賣不到 24 元，所以在我們這裡可以得到更好的價格。而我們儘管這個時候去市場中買可以有更低的價格，但是也只有在 M 公司買了。這並不會影響我們的投資績效，我們預期的投資績效是可以達到的，並且有額外的期權溢價收入。」

「很好，那大於 24 元的時候又是什麼情況？」

「這個時候 M 公司會去市場賣給其他的買方，我們也必須去市場中賣星星股份的股票。但是，我們有收到額外的期權的溢價，所以我們的投資回報是增加了。」

公司按照林羽的方法進行操作，將風險減少了，同時獲取了比原來預期還要高的回報。

實際上，林羽選擇星星股份的股票進行操作是因為星星股份正在與新新股份進行併購的談判。

在拿到這些資料的時候，他有一個一個問題需要解決：例如雙方股東對這次併購的態度；被收購方的管理層有哪些抵抗的行為；協議的條款是否會被重新修改；政府是否會通過這個併購；等等。各方的態度及未知的因素讓這些判斷充滿挑戰。

部門經理問：「這個併購計劃要是失敗或者被一再推遲，該怎麼辦？」

「這種事情並不少兒，在這個時候如果有資源，我們要動用這些資源積極去推動併購。只有事情按照我們預期的方向發展我們才有盈利的把握。

此外，通過分散也可以控制風險。我們可以關注到多個而不是單獨的一個交易。這意味著我們要花更多的時間和精力對其他的併購項目進行評估。通過分散，

就可以減少單獨一個併購項目耽誤或者失敗對我們套利的影響。在此同時要注意併購公司的規模應該都是較大市值的公司，這樣在流動性上遇到的風險就會比較小。

對於證券的價差小而成功可能性大的項目，我們可以使用一些槓桿來增加回報的數量，同時這也增加了風險。」

他那段時間經常向投資銀行部門的人求教行業、法律、估值等方面的問題。

最終，他選出來了星星股份和新新股份。按照公司的公告，星星股份對於目標公司新新股份提出現金收購股權的提案。對於公司新新股份的股票，將在6個月後無條件按照35元每股進行現金收購。在宣布之後，新新股份的股票價格上漲到30元，但是公眾顧慮到這次併購可能會失敗，所以並沒有漲到星星股份提出的35元。在這個漲後的價格與星星股份提出的價格之間的價格差異就被稱為併購套利價差。由於這個價差不是很吸引，他打算放棄這個併購機會。

然而在2個月後，出現大瘟疫，這對當地的消費來是巨大的衝擊，讓新新股份的銷售量大量下滑，股票價格跌到22元。他意識到這是一次很好的買入機會。因為收購是無條件進行的，所以收購新新股份的股票是勢在必行。同時，新新股份與其他的同類公司相比，下跌的比例更多，所以，他再次肯定新新股份的股票具有投資的價值。

部門經理：「如果星星股份單方面終止了這次交易怎麼辦？」

林羽：「為了考慮到星星股份的違約風險，我購買了星星股份的信貸違約掉期對沖星星股份的信用風險。」

部門經理：「如果這些股票仍然一直下跌，你買入的就貴了，本來可以按照更低的價格來買入？」

林羽：「我除了買入了新新股份的股票，同時賣空了新新股份同行業的幾只股票來進行波動性代爾塔（Delta）中立操作。如果這個行業受到地震的影響股票一直下跌，賣空的收益可以彌補這一塊高成本。如果這些股票快速回復價格，新新股份股票的價格增長速度也可以覆蓋賣空的股票的漲幅。」

部門經理：「最近的宏觀環境不行，我們估計央行可能會降低利率，對於這個風險你有沒有考慮到？」

林羽：「有考慮到的。我們認為央行會降息，所以買入了歐洲美元期貨。」

再下來幾個月，新新股份行業受到的打擊超過現象，股價一路下挫，他賣空的股票得到了豐厚的回報，同時在環境並不好的時候，星星股份仍然按照協議進

行了收購計劃，這又給他的投資增加了一筆豐厚的收入。

**更多的工具選擇**

　　林羽並不想將回報與資本市場相聯繫起來，而是寄托於他自己捕捉價差的能力。他選擇的是<u>可轉換債券的套利</u>，簡單地說，就是通過<u>可轉換債券的形式將錢借給公司，同時這些債券是由公司的普通股票來進行質押，持有人有權將債券轉換為股權</u>。因為投資者傾向投資簡單易懂的證券，同時很多可轉換債券因為規模小而容易被其他分析師忽略，所以他認為這個類型的證券有更多的投資機會和更好的績效表現。

　　在他看來，可轉換債券不是一個債券，而是多個金融票據的組合體。首先它是普通的債券，持有人可以得到週期性的息票，到期后會得到其面值的支付。同時可轉債券可以包含多個期權：持有人在到期之前可以隨時將債券轉為普通股票的期權、在發行公司破產時持有人按照某個特定價格進行贖回的期權、在發行公司拖欠償還債務時將債務轉為股權的期權，以及在特定的情況下發行的公司主動全部贖回債券結束債務關係的期權。正是這些特徵，讓他有機會在享有公司的股票價格的增長帶來的利益的同時不承擔股票的價格下跌帶來的損失。

　　最近星星股份覺得他們公司的股票是被市場低估的，在將來幾個月會上漲，基於這一預期，他們想減低少發普通債券的成本，所以打算發行可轉換債券。因為<u>可轉換債券的融資成本是低於非轉債的成本的，</u>如果投資者同意他們的觀點，就可以接受較低的先期收益，而主要將目光放在可轉換債券到期的時候，股票的價格如果真能夠到達預定的價格，購買人就可以分享這一收益。

　　他建立了包含了二項樹模型和蒙特卡洛的統計模擬方法等的非常複雜的模型，這個模型經常更新，他常常用這個模型來計算公司的可轉換債券的價值和各個變量的變化情況。他發現星星股份的可轉換債券的市場價格與理論上的價值有很大的差異。除此之外，星星股份的股票的波動性很大，給他進行 Delta 交易和 Gamma 交易獲利提供機會。公司的可轉換債券的流動性很好也有高凸性，可以從 Gamma 交易獲利，同時其暗含的波動很低。星星股份因為是大市值的公司，其股票容易在市場上借到。同時，星星股份並不支付股利，這樣從經紀借來股票後也不用受到支付給經紀支付股利的困擾。這些特點吸引住了他的注意力。

　　最後，他選擇買入星星股份的可轉換債券，同時對該公司的普通股進行賣空。他把賣空星星股份股票的錢，用於購買星星股份的可轉換債券。按照他的計算，他賣空星星股份的股票 100 萬股，按照現在的市場價格是 39 元，他得到了 3900 萬

元。因為公司的聲譽，他們賣空時支付的保證金幾乎不計，並且星星股份這一年不支付股利，而星星股份的可轉換債券的溢價是 12%，4368 萬元，需要投入現金 468 萬元（4368 萬元-3900 萬元），可轉債的收益率是每年 4.5%，賣空的成本是每年 1.5%，一年的收益是 131 萬元，投入現金的回報率為 28%（131/468）。

他在交易之前跟部門經理有過談話。

「你計算得到的價格是否可靠？」

「不可靠，只能提供參考。因為星星股份的可轉換債券包含了很多期權，而這些期權並不能充分地用模型來表示和計算。所以計算的結果只能提供一個線索。我們需要建立嚴格的風險管理流程，同時，我們的經驗非常重要。」

「可轉換套利是不是受到股票市場的波動的影響？」

「如果對沖是市場中立的話，是不會受到股票市場影響的。如果不是中立，應該會受到一定程度的影響。」

「我知道可轉換債券的價格是與利率反比的，對於這個利率的變化，你有沒有應對的措施？」

「利率的變化導致可轉換債券的價格方向變化，利率上升會減少可轉換債券的價格，利率的下降會增加可轉換債券的價格。如果利率上升，引起債券價格下降，那麼將其轉為固定數量的股票將是上策，因為儘管利率的變化同樣對股票市場有影響，但是不會像債券受到的影響那麼大。對於股票受到利率上升影響這一點，我們有兩個選擇：一是把股票賣空，因為利率的上調往往會負面地影響股市的表現，如果利率果真上調，我們賣空的股票會有一部分的收益；二是用金融衍生物，利率掉期。前者賣空股票的方法不僅減少利率上浮風險，而且會減少信用的風險，因為信用風險增加的時候，股票的價格是下跌的。所以我推薦賣空部分星星股份股票的方法。當然，信用風險也是可以通過買入信貸違約掉期來進行對沖的。」

「有沒有什麼風險是我們無法控製的？」

「有，比如借不到星星股份的股票來進行賣空。我建議通過分散來減少這一類的不可控製風險，也就是投資到不同信用等級的公司和不同板塊的公司，減少不可控事件發生對我們投資績效的影響程度。」

預計到可轉換債券到期的這一段時間裡面，股票市場的波動都比較大，所以，他打算採用 Delta 對沖和 Gamma 對沖的策略來幫助獲取利潤。每一天股票都在波動，他建立了由可轉換債券和股票組成的組合式 Delta 中立的策略。通過調整賣空股票的數量，他的組合不管股票漲或者跌，都有正的回報。股票的價格每天都在

變化，為了保持 Delta 中立，他不斷地調整。通過對沖 Delta，他的投資無論在市場漲或者跌都獲得了正的回報。由於流動性並不缺乏，所以在這個過程中，交易成本成為最大的考慮因素。

為了解決這個頻繁交易帶來的交易成本問題，同時為了從星星股份的股票進行交易得到額外的利潤，他採取了 Gamma 對沖。如果 Gamma 的絕對值小，他就不用頻繁交易，調整組合的 Delta 中立；如果 Gamma 的絕對值大的時候，他就必須要進行調整，不然組合的 Delta 很快就會失去中立。當然，Gamma 的絕對值越大，潛在的利潤就越大。所以，Gamma 對沖也與股票價格的運動方向相反。當星星股份的股票價格上漲的時候，他就按照更高的價格來賣空更多的股票，從而保持了回報的對稱性；而股票價格下降的時候，他就買入一些股票牟取利益。

兩個月後，星星股份突然傳出財務舞弊的醜聞，庫存太過陳舊並且作假，並且想用海外併購的消息來轉移投資者的注意力，提升公司的股價。星星股份的股價快速下跌，公司的債券也被歸入了垃圾債券一類，他買入的可轉換債券也被重新估值，其價值類似於星星股份的其他普通的債券。這個時候 Delta 對沖和 Gamma 對沖完全失效。當初計算的時候，他的模型並沒有把這個因素的可能性考慮到債券的價格裡面。現在他又重新對公司進行基本面分析，他覺得公司有可能會不支付息票和本金。他選擇了信貸違約掉期，如果星星股份拖欠，他可以將債券按照面值賣給衍生品發行方，作為代價，他必須每隔 1 個月就進行一次支付，直到合同終止或者星星股份拖欠。

最后，星星股份並沒有破產，而股票的價格也沒有上漲到可以讓他轉換的價格。也就是說，在可轉換債券中的期權是處於價外狀態的，他放棄了轉換的價格，星星股份按照可轉換債券的面值進行了償還。這個時候，他的回報已經達到 57%。

事情並非如此，也不用大費周折。他一直在運行非常複雜的分析模型，能在市場中比別人快一步找到被錯誤定價的債券進行套利。在公司債券中進行套利，他看中的是公司的「信用」二字。公司的信用原本是銀行關心的問題，如果公司的信用低，就有可能不還錢，所以就不太容易借到錢，或者要支付很高的利息。他也關注到公司的信用，不過是從另外一個角度來考慮和進行對沖操作。

大家對一個公司的看法不同，付出的意願也不同。對於缺乏流動性的公司，或者是有可能拖欠債務的公司，都存在盈利的機會。

投資債券不再是購買這個公司的債券后接收息票，同時等著其信用價差縮減。信貸違約掉期為他這次的套利提供了方便，讓他不必交易某公司的債券，就可以

對該公司的信用進行多頭和空頭的操作。

　　他分析幾個著名的評價公司對其他公司的債務的信用質量評級，期待可以從中找出潛在會被升級或者降級的公司。

　　在研究過星星股份的情況之後，他覺得星星股份表面上看起來良好，但是有很多細節讓人不放心。這些細節一旦被公眾發現，必然引起軒然大波。他買入了信貸違約掉期。做出這個決定是艱難的，因為該公司剛剛在公司治理排名中位列全國前十，同時又花了上千萬請諮詢公司做企業風險管理。評級機構的報告也對該公司一致看好。這些報告和各種榮譽的光環把投資者的思路統一起來了，市場達成的共識是：「該公司信用高，長期看好」。但是他覺得這不能說明問題。他聯繫了這家公司的管理層去公司進行盡職調查，發現管理層的權力太大了，根本不受到約束，並且歷史上明星風采和踩黃線的做法出事的事件太多了。他覺得這是一個地雷，大家都已經踩到地雷還渾然不覺。於是，他果斷地做出了這個選擇。

　　他選擇之后，天天打開電腦的第一件事就是去看星星股份有沒有出事，然后用更新的數據輸入模型進行計算。他認為事件的導火索可能是宏觀的經濟因素，也可能是行業的因素，所以都需要進行最新的更新計算，例如利潤、現金流等。

　　在此同時，他也關注到同一個行業的新新股份，他認為新新股份資產更加優良，但是評級比星星股份要低一等級，新新股份的優勢沒有在信用價差上表現出來，所以他同時買入了新新股份的債券。他預期市場會發現這種評級的不公平性，如果星星股份不降級的話，那麼新新股份就有可能升級。

　　果然在 2 個月后，庫存的醜聞突然傳出。公司的信用下跌，對沖組合被急遽拉開幅度，他賺錢了。事情就是這樣一個簡單的過程。

　　實際上，自從政府實施從緊的貨幣政策和縮緊房貸之後，GDP 連續兩個季度下滑，房地產銷售量兩個季度下滑，出口也兩個季度下滑。這給很多公司帶來了負面的影響，大家都感覺負擔重了，訂單少了，銷量下來了。而各大評級公司也在這個時候紛紛下調了一大批的公司的信用評級。這給他帶來了很多盈利機會。

　　他在這些公司中找尋那些被市場過度拋售並且有可能存活下來的公司。星星股份落入他的眼裡。

　　星星股份陷入財務的困境，實際上，他們拖欠了 2 個月的息票費用，同時已經申請破產保護。

　　庫存事件的影響，讓星星股份的資產負債表受到嚴重的質疑。各個供應商蜂擁而至，要求償還貨款，客戶也取消了一些訂單。這讓星星股份的現金流出現斷

裂。沒有現金流的支持，公司要繼續營運，就需要考慮減少與營運無關的開支，包括對現有債券的利息的支付。儘管將一個公司的等級從投資級別下調到垃圾債券級別的事情很少發生，但是這樣的事情還是在星星股份身上發生了。這除了歸咎於星星股份發生的事件，同時，最近的經濟衰退的跡象，使下調評級的公司的數量增加了，這對星星股份造成了很大的影響，可謂是內外雙重打擊。

這次的事件讓星星股份的證券受到很大的影響，由投資級別一下跌入了垃圾債券的級別。這牽動了原來諸多機構投資者的神經。按照這些機構投資者的規章規定，他們是不能夠持有垃圾債券級別的證券的，垃圾債券的風險和回報的特徵是不能滿足他們的投資目標和風險投資的。所以，這樣的事件讓他們的投資委員會的委員們基本上不用開會就作出了賣出的決定。這是非常簡單和原則性的問題：不持有垃圾債券級別的債券。因為星星股份原來身上的光環，大部分的機構投資者，包括保險公司、基金公司等，都重倉了這家公司的證券。這時，大家必須盡快拋售。

如果市場同時賣出一個公司的證券，那麼對於該公司的證券的價格的打擊是可想而知的。這樣的壓力一方面來自供應量龐大，這些機構投資者持有的數量均是重倉，短時間內市場充滿了星星股份的證券的賣單；另一方面來自於缺乏買方，因為此次拋售不是因為投資機構對公司的看法不一而有進有退，而是這些機構被禁止持有垃圾債券，這些具有強大投資資金的離場讓星星股份證券的流動性變得極差。新聞媒體也對這些新聞大肆渲染，讓市場不敢貿然去蹚這渾水。

這對於林羽是非常好的消息。他可以買入極低的證券。這個 Alpha 是一個回報的來源。

回報的另外一個來源來自他對星星股份的估值，從而進行選擇和交易的能力。這個能力也是給他帶來了 Alpha。隨著大多數投資者對這樣的公司失去了原有的信心，以及這類公司在后期的信息更加複雜多變和不透明，分析師不再願意花精力和時間去收集和分析這些公司的信息。

並且分析此類公司需要的知識和經驗與分析其他公司有不同的地方，一般的分析師缺乏這方面的訓練。

現金流折現法和相對估值法（PE，PB 等）對於財務狀況良好的公司是沒有問題的，但是對於無力償債和無法維持經營的公司來說，這些方法完全失效。這樣的公司更加需要的是建立各種情景來進行估值。這對於林羽來說，有很多的利潤有待去開發。他有時間去跟進這些公司的最新情況，積極參與分析和投資。公司

在這方面的經驗豐富，這些資源有可能給他帶來高回報。他嘲笑自己是個淘金者，要去泥沙中發現黃金，儘管這在別人眼中是不值錢的泥土，但是他能發現其中的價值，他相信「是金子，就一定會發光」這個道理。

隨著整個經濟的衰退，星星股份的業務收入明顯下降。星星股份的評級是與資產狀況聯繫在一起的，這樣的情況顯然使其財務狀況惡化。其貸款的擔保物就是這些設備，在這種過舊庫存和糟糕的環境下，他的擔保物的價值直線下降，顯然不足以維持其債務的價格。緊張的現金流，使星星股份無法償還 3 個月后就要到期的債務。

消息出來之后，幾乎所有的投資者都賣出星星股份的證券，所以賣空的時機已經錯過了。也就是，沒有人願意持有星星股份的證券，使得借入該公司變得非常困難。同時他也覺得最近可能會出抬刺激經濟的政策，這對整個行業來說都是好的消息，這可能導致證券價格的反彈。如果如他預期的那樣，那麼賣空會有很大的風險。而金融衍生物不能非常好地反應出星星股份本身的特點，只是泛泛地進行對沖。要從這次事件中獲得最大的收益，就需要另外的策略，也就是做多頭的策略。

在這樣的環境下，他購買了其債券。因為其價格相對於面值而言，已經打了很大的折價，所以，已經暗含了較高的槓桿。他認為整個行業都會有所改善，管理層會想辦法擺脫現在的危機。這個時候星星股份的債券的價格是沒有效率的，或者是被嚴重低估的，不能反應星星股份的內在價值。他也可以購買星星股份的股票，但是他認為，債務的損失下限是有限的，在星星股份的市場價值被損壞的時候，債務的影響是最小的。這是公司的基本資本結構決定的。同時，如果公司進行重組，這些債務也有可能被轉為股票，能夠分享重組后股票價值提升帶來的收益。

他早期買入公司的債務，就是想參與星星股份的管理，通過對公司的資源的重新整合，提升公司的價值。這是一個長期的過程，按照他的預期大概要 2 年的時間，如果一切順利，這一過程獲得的最小回報將是 25%，回報的上限不可估量。

他有一個工具箱，這個工具箱提供了多個評估這類公司的方法和流程。對於每個公司，要考慮不同的方面，所以也不存在一個完美的模型和流程去解決所有的問題。

當時，部門經理問他：「星星股份是否回天乏術？」

「這種可能性很小，不過如果發生的話，我們的投資是會受到一定的打擊。我

們持有的是債券，所以受到的損失會比持有股票的人小。要想進一步減少這種損失就要投資到更多的國家、行業，通過分散減少損失的可能性。」

「如果出現極端的情況，星星股份不償還任何的債務，那麼我們有什麼對策？」

「我們可以購買信用拖欠掉期，如果我們考慮到其他的公司也可能會出現這種情況，就可以賣空主要的信用指數，例如 CDX100 高收益指數。」

公司按照他的方式去進行了投資，獲得了 57% 的投資回報。

林羽這次是做期貨管理，從操作的層面上來看，他其實沒有對沖的行為，實際上，他的投資是具有很強的方向性的。但是，他公司的法律結構、買賣契約書、用高水位線條款計算績效費用的方法都是與對沖基金一致無二。在眾多對沖基金的投資中，都包括了管理的期貨，他們很顯然把管理的期貨視為一種對沖基金的策略。所以，大家沒有理由將這種策略獨立出來，說它不是對沖基金。

期貨，是一種雙定的合同，即定下了交易的時間，定下了交易的價格。交易的對象包括商品，如有色金屬和金融資產，如貨幣。期貨的交易會使用大量的槓桿，所以相對小的期貨價格的變動會導致巨大的收益或者損失。

在交易前部門經理跟他進行交流。「你給我介紹一下你的模型是怎麼樣的，可靠嗎？」

「管理期貨是不受到人的情緒影響，而是由電腦通過模型自動進行交易決定。我們需要的只是常規地對交易模型進行調整。這個模型即時地接近 80 多個不同的期貨市場讀取數據進行分析。」

「也就是可以辨別趨勢？」

「市場在單方面上漲或者下跌的過程中，趨勢是可以辨別的，但是不排除市場突然轉向的時候。辨別的趨勢在中期和短期突然轉向的時候，不容易識別，往往識別出來都是事後諸葛亮，沒有太大的意義，這是辨別趨勢的弱點所在。為了避免這個弱點，我們盡量避免找尋中長期的趨勢，更多的是進行短期的趨勢的識別。因為短期市場的趨勢比較容易識別，並且不會突然轉向。在每次趨勢轉向後的初期，往往都是我們建立倉位的最佳時期。經過我的系統測試得到的市場趨勢依據與時間期間的定義有所不同，這個時間週期可以短到幾秒鐘，也可以是幾個小時或者幾個星期。」

「我的這個模型使用事後檢驗（Back Testing）對歷史數據進行測試，同時也對模擬的組合進行測試，在達到一定穩定的結果后，我才敢把這個模型投入到每天的數據中使用。」

「那經過事后檢驗的模型就可以用了?」

「這個測試其實是基於一個假設,即歷史會重演。進行測試,可以得到非常符合歷史數據的模型,但是這個模型反應的是歷史的情況,將來發展不重複歷史的話,這些模型也會失去效用。」

「那聽起來你的這個模型不可靠啊,我們能用嗎?」

「是的,如果我們很幸運,將來重複過去發生的事情,我們可以獲得盈利。但是往往不是如此。所以,在我的系統中,風險管理有非常重要的地位。有了這個自動執行的風險管理系統,可以將風險減少,損失降低。我的這個系統基於各種數學模型來進行交易,同時可以把我們的經驗和研究的成果都加入進去。我們對於短期趨勢的識別,加上風險控製的程序,往往可以獲得非常豐厚的回報。」

「你這個系統沒有模型?」

「是的,我沒有主觀建立的模型,是這個系統來告訴我什麼樣的模型最符合歷史數據。我這個系統不做基本面分析,只做技術分析,只設定了一些規則,對於數據的採集、數據的過濾、預測和模型的建立都是這個系統自動完成的。系統對數據通過選擇最符合的模型來進行最好的解釋,在目前看來,數據不斷在變化,能最好地解讀這些數據的模型也在不斷地變化。想做出一個完美的、在任何時候都可以解讀出(暫且不預測)當前數據的模型是非常難的,系統往往也是在事后才給出最符合的一個模型而不是百分之百的完美模型。」

「有沒有其他的管理期貨的方法?」

「如果要進行基本面的研究,那什麼時候買入、賣出基本上都是人為判斷,這樣人為的偏見因素較大。同時預測的也不是趨勢,而是什麼時候趨勢改變會帶來交易機會。交易的次數不多並且頻率低,範圍比較狹窄、不分散,所以,我認為這樣做管理期貨風險會比較大。」

為了獲得更多的投資機會,管理期貨並不只是在一個期貨市場進行交易,而是在多個期貨市場同時進行。對於其中某一個市場的投資情況,按照不同的市場機會而進行自動調整。

林羽的系統的與現在數學、物理等多個最前沿的學科研究是一樣的內容,例如神經網絡、人工智能等。

他后來又補充告訴部門經理:「真正會影響他的投資績效的,應該是交易成本。基於這個系統的交易,會產生比較高頻率的交易,所以產生較高的交易費用,能夠找到更低的經紀費用,可以得到更高的投資回報。這一點,希望公司能夠談

判，用交易量的規模來降低經紀的費用。」

# 3.5　其他投資策略

### 3.5.1　管理期貨

管理期貨通過在不同的期貨市場對各種資產建立多頭和空頭。基金經理們通常開發出一些自己專用的模型來對買賣進行指導。這些模型是基於歷史的數據或者經濟原理來進行建立的，通過複雜的演繹和推算，在趨勢來臨之前會有一些提醒，從而介入買賣。常見的指標有迴歸分析、動量指標、超買超賣分析，等等。其他領域的最前沿知識也用到這個，如噪音分析、神經網絡、遺傳基因等。同樣，不同的基金經理採用的模型是不一樣的。也有一部分基金經理完全不看模型的結果，而是靠著自己的理念和直覺進行操作。

管理期貨能夠更加便利地投入到全球的各個市場，並且管理期貨能夠很好地進行分散，降低投資的風險。但是，管理期貨對保證金有要求。並且，在大家擁有同樣的信息的時候，容易發生同時追逐高價格和同時賣掉頭寸的嚴重后果。

### 3.5.2　相對價值套利策略

相對價值套利策略是指基金經理認為一種證券被高估，另外一種證券被低估，並且這兩種證券之間存在聯繫，就進行對兩種證券的同時投資，避免受到證券價格的影響或者為了牟取利益。相對價值套利策略廣泛的來講包括市場中立、可轉換套利和固定收益套利。

如果判斷兩個有關聯的股票之間價格有套利的機會，就進行套利而不受到市場的影響。投資組合這個時候已經不再受到市場的影響，其績效的好壞來自於選擇股票的能力。這裡不受市場影響，有幾種定義的方法：第一種是現金的中立，即買入和賣空的現金相同數量；第二種是 Beta 的中立，指組合產生的回報與某一指定的市場指數的回報的相關性為零；第三種是因素獨立，是分別量化組合的各種風險，然后分別進行中立。在操作的時候，可以使用電腦進行統計分析來進行決策。

股票中立的投資是選擇被低估價值或者業績持續並且加速增長的公司進行買入，同時選擇被高估價值或者有問題的公司進行賣空。這些股票在歷史上的價值

差異記錄在系統中，如果最新的價格偏離了它們歷史的差異，就同時進行買入和賣空的交易，用以期待他們的股價會回到正常的關係。這些操作保持了與市場的中性。成功執行這個策略重要的是需要基金經理選擇股票的技巧，如果基金經理可以選擇恰當的股票，無論在市場漲或者跌的時候，都會獲得正的投資回報。

### 3.5.3　可轉證券套利

可轉換的證券是一種給投資者的選擇權。投資者可以在股權和債權之間做出選擇，但是兩者之間要怎麼樣進行選擇才是最大化的利益？畢竟是一念天堂，一念地獄。對沖基金經理已經做好了所有的準備。可轉換證券是這個時候的必備證券，因為該證券可以讓持有該債務的人把手裡的債務轉換為股權。最常見的可轉換套利策略是持有可轉換債券，同時計算出要賣空的股票。但是，債券的溢價折價，股票的波動幅度等諸多因素都讓這個問題變得複雜，所以需要基金經理通過各種手段，包括用權證和期權來進行對沖。對市場環境和對公司的未來的不同預期，基金經理不同的個人偏好都對該策略的多樣性起到了推動作用。

### 3.5.4　固定收益套利

固定收益的定價和套利都是非常直接的，機會稍縱即逝。這種策略使用國庫券、公司債券、抵押貸款支持債券 MBSs、資產貸款支持債券 ABSs、擔保債務憑證等債務工具。這些工具不斷變化，越來越複雜，越來越創新。幾乎每一個對沖基金經理都有一個自己的估值模型，這個模型會發現任何的細微的機會，推動各種交易。這類對沖基金經理信奉的原則是均值的迴歸，就是歷史價格的關係會迴歸到公允價值。

但是需要注意的是高槓桿是會擴大收益，但同時也會加重損失；流動性也會帶來巨大的風險。此外，利率風險和 MBS 的提前償還風險都會影響到真實的收益。

除了這幾種基本的分類方法之外，還有很多種其他的分類方法，比如有分類新興市場策略的。有些經理看到新興市場的發展不健全，但在這個市場中恰恰存在更多的投資機會。

多策略的對沖基金，是在同一個時間進行多個策略的投資，或者在不同的時間選擇不同的策略進行投資。這是一個綜合和靈活的過程。不拘一格，只要能夠獲得利潤。

市場是不斷變化的，不可捉摸的。在很多時候，對沖基金只有一個策略的堅

持不是很夠的。我們不喜歡將獲利的機會束縛住，就好像市場不會受到束縛一樣。對沖基金的單一策略會受到巨大的限制，而可以在多個策略之間進行切換，才可能在任何的市場環境下都盈利。比如賣空策略，在熊市的時候可能可以大行其道，但是在牛市的時候依然將所有的資金投入到這個策略，就會血本無歸。市場的無常，就要求我們的策略的無常，無常對無常，才順天意。若是以有常對無常，不可避免會遭遇到失敗。所以，我們的策略是靈活的，在長期來看是靈活的，在短期來，我們會側重其中一個或者幾個策略。在同時存在多個策略的時候，我們會考慮將資金按照我們的觀點進行相應的配置。

我們對市場總是存在著敬畏的心裡，市場的變化，說實話，我們也常常預測錯誤。現在我們已經意識到這一點，無論模型做得多麼緊密，流程做得多麼優化，都會遇到意想不到的事情來打亂我們的計劃。多策略基金對市場的無常的判斷，使得我們的投資是不具有方向性的。所以，我們的重點已經不再是去預測，而是注重非常基本的事實。不是預測完全沒有用，而是重心不會建立在預測之上，而是通過更加實際的方法去解決預測錯誤的問題。

我們做多策略對沖基金，也是出於這樣的考慮。並且，我們所有的預測不可能都是錯誤的。所以，我們用多個策略，能夠讓我們的投資收益受到無常的市場的干擾少一些。回過頭看我們曾經使用過的策略，這些策略之間的邏輯並不一致，無法形成一個系統。如果一定要從這些不同的策略中找尋相同的東西，那就要看我們做對沖基金的目的。我們的根本就是減少風險，增加回報，這些策略的根本目的也在於此。

我們相信市場是沒有方向的，所以用的是沒有方向的多策略。如果相信市場是有方向的，就像我們的一切競爭對手，會使用全球宏觀策略。

採用宏觀策略的對沖基金經理相信，在任何時候，在世界上的某個地方，總有機會等著他，這個機會的表現形式可能是期權，可能是股票，可能是投資到匯率，也可能是投資到原材料。他所需要做的，只是發現這個機會在哪裡，然后把握住這個機會。在所有的股票、債券、貨幣和商品市場都有其忙碌的身影，他們在判斷市場的方向的時候，使用槓桿和金融衍生物來加大其獲利的力度。因為他們使用的工具多樣，市場機會不斷變化，所以他們的趨勢和策略一直在變化。這聽起來與管理期貨有點相似，但是他們又是不同的：管理期貨更多追求技術上的突破，然後用這些技術去辨別交易和投資的趨勢，而全球宏觀的基本投資方向是確定的；管理期貨會按照模型提供的結果來進行判斷，而全球宏觀更加主觀；同

時，管理期貨只是在期貨市場進行交易，而全球宏觀的交易大多不在期貨市場。

全球宏觀基金經理擁有最大的投資範圍，他可以選擇任何的金融工具，投資到任何市場的任何類型的資產。這意味著他可以選擇任何一個國家，無論這個國家是發達國家還是發展中國家，可以使用證券、期貨、遠期合約、期權、掉期等一切投資工具，選擇國庫券、公司債券、商品、房地產、貨幣等一切資產類型進行投資。在投資的時候，可以進行賣空和槓桿操作。這種不受限制的特徵是很多公募基金乃至專注於一類對沖策略的基金都羨慕的。

全球宏觀基金經理建立了從上至下的投資方法，全球多個國家的宏觀經濟變量都在他的監控中，如 GDP、人口、國庫券收益率、原材料價格，等等。在預期中，加上對某個國家的基本面研究，他覺得自己把握住了這個國家的經濟走勢，能從其市場的趨勢中獲取投資回報。現在他需要做的事情就是看進入該國市場的時機，以及哪個金融工具最符合他的預期。如果資產的價格按照他的預期進行移動，他就可以得到豐厚的利潤。所以，他的投資回報依賴於他們的預測的時機是否準確。

全球宏觀基金經理必須在合適的時機從一個投資跳到另外一個投資。在這些機會的面前，他將投資的情感和投資的內容相分離，不會特別執著於一個投資主意，無論這個主意是自己想到的還是別人提出的，而是更加注重客觀的複雜的分析。通過客觀分析的內容才是值得信賴的，在得到結論后，進行投資的過程中，他也摒棄了貪婪和恐懼。他將這些機會視為平等的投資機會，有機會就一定有收穫，所以不恐懼；機會得到市場發掘后就失去進一步獲利的空間，所以不貪婪。他覺得更加重要的事情是，如果有機會才進行投資，沒有機會，就不要亂動，這個比什麼都重要。每一次機會的出現，都會反覆經過研究得到結果，而這些結果不一定都是振奮人心的投資機會，所以沒有機會的時候，不進行投資。對於若隱若現的投資機會，可錯過，不過錯。

4

# 投資者加入對沖基金的投資策略

## ▅▅ 4.1　直接投資對沖基金

直接投資對沖基金，是指自己選擇某一對沖基金，並對其投資。

（1）對沖基金通常以私募方式進行，採用有限合夥人制度：

對沖基金的投資門檻遠遠高於互惠基金，每個對沖基金的投資人數一般限定在 100 人以下，以避免證監會、證券交易所等的監管。大多數的對沖基金設立於免稅且監管法例不嚴格或不受一般證監會管制的國家或地區，以加強其投資彈性。

（2）對沖基金會收取較高的表現費：

對沖基金收取比互惠基金更高的管理費和業績分成費，但對投資者來說，正的投資回報更重要，所以在有絕對的正的投資回報的基礎上，理應支付給基金經理更高的表現費。

（3）對沖基金比互惠基金流動性低：

對沖基金每月或每季允許投資者退出，互惠基金基本上允許每日退出。

## ▅▅ 4.2　基金的基金

對沖基金的數量多、策略多、工具多、形式多，這些特徵讓投資者無從下手，挑選對沖基金及后期的監控也是需要專業的知識和相當的成本投入才能進行。有沒有一種幾乎不用任何專業知識就投資對沖基金，從對沖基金獲得自己利益的方案？很多有經驗的投資者都面臨一樣的問題，但是這不會成為障礙。

如果你不想雇傭獨立的公司幫助你進行盡職調查，而又想投資對沖基金，你可以考慮對沖基金的基金 FOF（Fund of hedge Funds）。這種投資基金是專門投資對沖基金，通過進行各種分析來達到預期的投資回報目標，這些分析包括盡職調查。FOF 讓對沖基金成為不再只有專業知識和有資源的投資者才能夠進行投資的基金，任何人都可以對其進行投資，這實現了大家在資本市場中不受市場影響、只賺不賠的夢想。

FOF 有時也稱 FoHFs（Fund of Hedge Funds，即「對沖基金中的基金」），它是把資本分配到多個對沖基金經理和投資策略下，建立一個多元化的投資組合，以創造比投資單一經理人單一策略的對沖基金更穩定的投資回報。

　　FOF 這種基金是將多個投資者的錢匯集到一個資本池，然后去投資對沖基金。這樣的投資解決了投資者面臨的最大的問題。因為日常的工作就是選擇對沖基金經理和進行資產配置，所以 FOF 的投資者可以比普通的投資者更加快速地解決各種複雜的投資問題。為了獲得持續的高回報，這些基金經理每天收集和分析對沖基金的數據，而投資者就不需要做這些專業性的工作。

　　FOF 有些工作是普通的投資者望而卻步的，基金經理收集信息的渠道包括與對沖基金的聯繫、提供對沖基金信息的服務商、經紀公司、行業內部的圈子、各種媒體等。收集到的信息包括績效、基金描述、基金經理的簡歷等內容。在這樣的準備工作完成之後，用各種條件進行篩選，對選出的對沖基金再進行更深一步的研究。對於新的信息的出現，要快速吸收和處理，從複雜交錯的信息中尋找出最有潛力的經理。

　　FOF 是要另收管理費的，關鍵是要看付出與收穫是否成正比。對於這樣一種投資的形式，我們要知道能夠做到哪些我們由於限制條件無法完成但又期望的事。

　　假如你有 100 萬元，第一個你完成不了的工作是分散。假設你有 100 萬元，投資到一個策略的某個對沖基金，那麼你的回報就會受到這家對沖基金的很大影響。這個基金的回報好，你的回報就好；如果投資失敗，你也會損失。而通過 FOF 投資，FOF 將資金匯集到一起后又投資到多個基金，情形就不同了，投資被分散到不同的策略，在同一個策略裡面也分散到不同的基金經理身上，這樣可以降低個別基金的失敗概率。FOF 的投資對象都是經過嚴格篩選的有很強的預期的對沖基金，而這樣的分散，又減少了個別基金在意料之外的失利帶來的影響，提高了總體的回報。這樣通過 FOF 投資 100 萬元到多個策略的多個基金經理所獲得的收益是你通過普通的投資單個策略的單個基金經理所無法實現的。

　　假如你有 100 萬元，第二個你做不了的工作是投資特定的對沖基金。有些對沖基金要求最小的投資額是 500 萬元，這個時候你只有望洋興嘆。通過 FOF，則可以輕輕松松地跨過這個門檻，分享這只基金的投資收益。你看中的對沖基金只從老客戶中募集資金，而你對其完全是個新來的投資者，就會被拒之門外。這個時候，通過 FOF 就可以以老投資者的身分，進行投資。

　　假如你有 100 萬元，也有足夠多的時間和資源去對對沖基金進行盡職調查，但是 FOF 的基本工作就是對沖基金的盡職調查，其過去累積消耗的時間和資源已建立起來一套熟悉的流程和豐富的經驗，這是你沒有的。並且，為了投資 100 萬元去對對沖基金經理進行盡職調查，花費的成本是相當驚人的，持續的更新信息和進

行績效評價需要的持續成本更是一筆龐大的開銷。單獨的一個 100 萬元的投資者要單獨完成這些任務幾乎不可能。

假如你將 100 萬元投資到一個策略，不太可能一下就選擇到高於對沖基金平均水平的對沖基金，獲得比平均水平高的回報。對沖基金策略與策略之間的回報，同策略的基金經理與基金經理之間的回報一樣也是有差別的，FOF 投資所有的對沖基金就好像對沖基金經理投資各類資產的理念一樣：得到高於平均水平的回報 Alpha，同時降低風險。所以，策略乃至對沖基金經理之間的配置可以帶來高於對沖基金的普通的回報水平。儘管不是所有的 FOF 能夠獲得高於平均水平淨回報的，但是有一些 FOF 確實達到了這一目標。

假如你有 100 萬元，你從單個對沖基金那裡得到的數據可能是非常少的，頻率也低，可能是一個季度一次，而無法得到該對沖基金每個月的審計報告和相關數據。但是，每個月 FOF 都會花費大量時間和資源去準備審計報告和績效相關報告，與對沖基金經理們進行深入交談。這樣的管理讓投資者更能清楚事態的發展，同時產生的費用因為是多個投資者共同負擔所以相對較少。

假如你有 100 萬元，你自己進行與 FOF 相同的工作，沒有人與你分擔費用，所以你不能用最少的投入獲得最大的回報。因為投資的成本在多個投資者之間進行分攤，但你可以獲得共享的成果，所以參與 FOF 的投資者節省了費用，如果參與的人越多，分攤到個人的頭上的費用越少，也就越省錢。

如果 100 萬元通過 FOF 可以做到原來的 100 萬元做不了的事，那是否由 FOF 一統江山了呢？

不是的。一方面由於人們還沒有擺脫傳統投資的套路，對對沖基金的認識還不夠，對 FOF 的認識就更少；另一方面，FOF 也有本身的一些缺點，出於對這些缺點的考慮，一部分投資者還是願意自己去直接投資。

首先，最主要還是從費用來考慮，對於大規模資金的投資者或者有很多年的投資經驗的投資者，運用自己的資源進行對沖基金的投資的成本比交給 FOF 的費用要低。其次，有一些投資者非常注重自己的特殊要求，這些要求在 FOF 提供的產品中是不能得到滿足的。因為 FOF 給一群投資者提供服務，這一群投資者的共同需求改變著投資決定，所以容易發生不能滿足自己特定要求但是又不能進行控制的情況。儘管現在 FOF 也可以對單獨的投資者提供個性化服務，但是前提是投資的資金要達到一定的數額。最後，因為 FOF 直接與對沖基金經理進行溝通聯繫，投資者的所有信息都是來源於 FOF 而不是第一手的信息，這樣，信息的準確性和

公正性成為一個潛在的問題，而解決這個問題的唯一方法就是與對沖基金經理進行直接溝通。所以，投資 FOF 不一定就比自己去投資對沖基金得到的回報高，最重要的還是將投入到 FOF 的成本和收到的回報進行權衡。但對於較小規模的投資者，以及缺乏專業知識、經驗和資源的大規模的投資者，FOF 是一個簡單可行的方法。

簡單來說，FOF 的特點包括：專業管理的投資組合；能優化每個風險單元的多樣性和效率；可進行持續的盡職調查、風險和表現監測；避免風險過分集中於單一策略；能購買「封閉式」基金（只開放給已購買 FoHFs 的投資者，不向新投資者開放）；最低投資額一般比較低。

不同對沖基金和傳統資產（如股票和債券），以及各種對沖基金策略，皆呈低相關。以全球宏觀和管理期貨這兩種對沖基金策略為例，雖然兩者均流動性較高，但圖表顯示，兩者的相關係數僅為 0.50，即兩種策略表現僅有 25%（0.5 的平方）可歸因於他們的相似之處。

一個投資組合包含兩種低相關的策略是很可取的，這本身就是一種很好的分散投資方式。與單獨運用相比，包含兩種策略的投資組合更可能大大提高風險調整后的回報水平。

值得注意的是，管理期貨和全球股票兩種對沖基金策略之間呈一定程度的負相關性，這意味著在熊市期間，運用管理期貨策略能夠緩和甚至能幫助抵消全球股市策略的負面影響。一個典型的例子是在 2008 年資本市場暴跌時，管理期貨策略實現了高額的正回報。

當然，僅通過多經理人和多策略的投資組合來實現投資多元化是不夠的。選取最佳基金經理人也是成功的關鍵因素之一。如今，對沖基金領域既龐大又隱密——它包括數萬個對沖基金，其中大多數採用複雜的投資策略。此外，大多數策略的回報好壞差異很大（由於對沖基金的回報主要受經理人投資技巧影響，而非市場因素驅動，所以同一對沖基金策略中表現最好與最壞基金回報的落差，往往遠大於共同基金中基金表現的差異），這也突顯經理人甄選的重要性。

FOF 真正有益之處正是在此。在投資前後，FOF 經理人要進行大量的研究和分析。他們在對沖基金研究、經理人甄選、風險監測和定量分析方面擁有特別的資源、時間、專業知識和經驗；每一個技能都能幫助他們識別、理解並挑選出最佳對沖基金進行投資。這種持續的篩選過程確保了只有符合要求的基金經理人才會被納入投資組合中。

　　基於成本效益和爭取更多有利條款的能力，FOF 也能投資那些因投資額度限制而不向個人或新投資者開放的對沖基金。與傳統只能做多的基金類似，FOF 一般允許投資者以較低的最低投資額進行投資。

　　在挑戰不斷湧現的市場環境中，FOF 可以通過積極管理投資組合來進一步創造價值。基於該投資組合經理人的觀點和表現，投資組合可更改不同策略甚至每個策略中的經理人的配置。

　　總體而言，初次接觸對沖基金的投資者可認真考慮投資 FOF，而非直接投資單一經理人的基金。通過 FOF 工具，投資者不僅能通過優化、可控和積極管理的投資組合獲得多樣化的對沖基金策略選擇，也能受惠於 FOF 結構中合理的經理人選擇和深入的研究過程。

# 4.3　對沖基金的組合配置

### 4.3.1　非線性的對沖基金收益

　　在前面描述中，我們看到槓桿的使用是如何使對沖基金風險和收益呈現高度非線性並且在許多情況下甚至本質上是高度分形（Fractal）的關係的。（註：分形是一個描述某種過程的數學名詞，這種過程自身在本質是相似的。也就是說，無論我們是放大還是縮小這個過程的圖表示，這個過程看起來都是一樣的。）

　　不幸的是，這些特點致使對沖基金很難用數學方法嚴密精確地表示出來，而且也扭曲了許多用來評估基金的傳統統計工具的作用。正如我們在前面所見到的，傳統的統計工具可能會導致投資者作出錯誤的估計，故在這裡我們不再作進一步的探究。

　　現在我們要去研究另外一個問題。在這個問題中，對沖基金的獨特表現會給投資者造成明顯的誤導。這就是在資產組合配置中對沖基金的使用，以及基金的創建。

### 4.3.2　謹慎行事的必要性

　　在諸如股票、債券、商品或互助資金的傳統資產中，只要知道了資產的平均收益、標準差和它與組合中其他資產的相關係數，我們就可以輕而易舉地在資產組合中進行資產的配置了。我們可以使用根據那些熟知的和方法而預先制好的軟

件來計算出一個理想的有效風險資產組合。我們得到的基金和資產的組合可以在獲得最大收益的同時減少總體風險。而且，我們還對所得到的資產配置會產生什麼樣的結果有比較高的信任度。然而，這一切都是建立在平均收益、標準差和相關係數這些有意義的、現實的假設基礎上。也就是說，平均收益的確是平均收益，標準差確實可以衡量出我們的風險，資產之間的相關係數也的確代表了資產價值共同變動的方式。

可是，對於對沖基金而言，我們不能確定這些假設一定是成立的。在前面，我們描述了一名對沖基金經理的技能是如何使基金的收益分佈呈現偏斜，從而導致以均值和標準差為基礎的收益和風險估計失效。更為甚者，對沖基金通過改變它們風險等級的速度和方式影響它們之間的相關係數，從而影響到它們對各種資產的風險暴露程度。這就嚴重地破壞了相關係數統計量作為一種分散風險工具的意義。總而言之，這些因素都指出了僵化地運用傳統方法來構造包括對沖基金在內的資產組合的弊病。同時，這也告訴我們在考慮對沖基金的時候，需要對資產組合配置的傳統方法持有保留態度。對沖基金，尤其是新創建的對沖基金，也會給投資者帶來另外兩個複雜的問題：生存偏差和資產集中。

①生存偏差。

如前所述，大約有2/3的對沖基金經理會在最初交易的2～3年后消失掉。鑒於如此高的死亡率，對沖基金收益通常沒有向投資者反應出真實的收益，對於新創立的對沖基金更是如此。使用未調整的高收益率會誇大對沖基金為投資者的組合帶來的收益，並因此導致對沖基金在資產組合中有過大的權重。當我們在不同資產組合配置方案中使用現實的對沖基金數據時，我們會發現對沖基金的權重最大可以達到20%。

②頭寸集中。

前面討論了對沖基金的生存策略，這些策略告訴我們對於新成立的對沖基金、或者那些經理技能正在走下坡路的基金來說，最好把他們的頭寸集中起來。這可以使他們在面臨市場盈虧、機會不利時獲得最大的收益。而對於我們投資者來說，頭寸的集中也就意味著頭寸或風險暴露在不同的對沖基金類型下，被重複的可能性變得更大了。分散化給投資者帶來的好處會因為不同對沖基金之間的頭寸集中而減少。我們已經看到得到有效管理的基金之間相關係數並不可靠，這使投資者很難覺察出這種頭寸的集中，這是一件讓人心煩的事情。當資產組合包括對沖基金的時候，傳統上以相關係數為基礎的分散化在超過70%的時間內不會有效。

### 4.3.3 謹慎行事的好處

我們已經知道需要重新思考把對沖基金加入到投資者的資產組合中時所使用的方式和方法，而且我們也已經對這種重新思考的潛在好處進行了大量的研究，我們的研究發現，傳統方法傾向於在對沖基金之間過度分散投資者的資產組合，但更為糟糕的是，由於所使用的相關係數並不可靠，傳統法則往往還會將投資者的資產組合分散在最終具有相同風險敏感性的基金上從而造成偽分散化（Pseudo Diversification）。

對這些因素進行相應調整后，我們發現兼有資產和互助基金的有效資產組合通常可以通過使用傳統資產組合配置模型計算得出的對沖基金和資產數目的半數而獲得。與此同時，根據這個方法得到的資產組合一般可以增加50%的收益，並且減少25%的風險（根據負向波動性得出）。儘管產生這些結果的確切機制依賴於資本公司特有的分析技術，不過這些令人吃驚且很有力量的結論是可以根據直覺加以解釋的。在關於貪婪法則的討論中，我們強調了為什麼頭寸集中的基金在短時期內會有更好的生存機會以及更優的表現。同時，在如今的全球金融市場中，對於對沖基金而言，幾乎沒有長達十年之久的有利趨勢或市場機遇，這也就是說，作為一個整體，許多對沖基金往往會在它們的資產組合中擁有相似或相關的頭寸，而這些相似或相關的頭寸時不時地會獨立於它們所宣稱的投資頭寸。由於頭寸的相似性，大部分對沖基金在下降市場中的結果相關程度很高，但是在上升市場中的結果可能關聯程度就不那麼大。在某種程度上，這是由於風險等級結構影響相關係數的方式造成的。在這種情況下，由於收益和相關係數存在偏差，我們在資產組合的配置上會容納過多的對沖基金。在這樣的一個資產組合中，我們實際上減少了上升空間（我們在更多的基金中把它平均掉了），但是並沒有在下降的市場中增加我們的風險分散化程度。

### 4.3.4 利率敏感性

現在我們已經對對沖基金、它們的運作方式以及在有效地將其納入到某個資產組合中時所需要的謹慎態度有所瞭解，但是我們還需要對另外一個因素給予特別的關注，那就是它們對利率的極度敏感性。我們知道槓桿是對沖基金收益最為重要的因素之一。我們也可以預料到對沖基金處於最低潮的時候也正是美國利率異常、劇烈變動之時。我們把對沖基金非加權收益綜合指數（包括了所有主要的

對沖基金類型）的波動與三個月以前的美元 Libor 利率的波動相對照。也就是說，我們想要尋找利率的變化在三個月後會以什麼樣的方式影響對沖基金業績的變化。

對沖基金的業績表現對利率的變化極為敏感。三個月美元 Libor 利率的變化似乎與三個月后的對沖基金業績變化關係十分密切。而且利率變化（無論是正向的還是負向的）越是迅速猛烈，對沖基金業績表現的總體變化也就越是強烈。顯然這種聯繫一定是通過我們在前面描述過的槓桿發生的。利率的上漲造成了給銀行做抵押的證券價值的下降。銀行為抵押證券價值的下降向對沖基金提出滿足保證金的要求，從而迫使基金要麼關閉要麼結清它們的頭寸。

鑒於對沖基金所用槓桿對利率變化的顯著敏感性，當把對沖基金納入到一個包含有其他利率敏感性資產的資產組合中時，投資者務必要小心謹慎。在如今的金融市場中，如果我們考慮到機構資產組合（Institutional Portfolio）中的其他三個傳統組成部分股票、公債和房地產對利率有著極強的敏感性時，這就不是一個無足輕重的小問題了。

如果當前的名義利率下跌趨勢出現逆轉，那麼由此引起的大熊市會對對沖基金在投資者的資產組合中作為風險分散化工具的吸引力產生嚴重的影響。

# 對沖基金的運作和監管

# 5.1 對沖基金的運作理念

對沖基金本質上是集體性質的投資工具，具有法人地位。不同的投資者一起向基金注入資金，根據基金的報單（Offering Document）或說明書（Prospectus）中所規定的條款和條件，由某個投資經理來管理。

對沖基金既可以採用公司企業的形式，也可以採用合夥企業的形式。合夥制的對沖基金通常採取的是有限合夥形式，這樣投資者的債務就以投入企業的資本為限，不用承擔無限債務。這種企業形式在美國很常見。而對於採取投資公司形式的對沖基金而言，投資者是普通的股東。他們只有有限的投票權或根本沒有投票權。這類對沖基金則流行於低稅率與金融監管良好的國家和地區。

對於以美國為基地的投資經理來說，他們通常會建立以國內投資者為目標的有限合夥式對沖基金，同時又建立以居住在美國以外的投資者為目標的離岸機構。為了擺脫金融監管的約束，這些投資工具傾向於只為那些富有經驗的或者是富有的投資者服務，因此它們對投資者的最低投資要求往往很高。在評估任何一家對沖基金的時候，投資者應該得到並且需要仔細閱讀的關鍵文件是基金的報單或說明書。除了提供有關經理歷史業績（歷史記錄）的信息外，報單或說明書還應該包括下面的內容：

①基金的結構。

需要說明基金的組織結構是什麼，它註冊在什麼地方。它還需要詳細說明投資者進行分配的方式是什麼（比如說是股份還是有限合夥）。

②合格的投資者和銷售限制。

基金只向那些合格的投資者出售。合格投資者的定義應該包括最低淨值（Net Worth，資產總額減去負債總額）和住所（Domicile）。對住所有所要求是出於法律上的原因，基金不能在某些地方出售。

③最低投資數量。

為了限制小投資者進入，許多對沖基金要求很大的最低投資數量，這個數量通常在 25 萬美元到 100 萬美元之間。

④費用、成本和經理的報酬。

這是所有會減少基金投資者收益的項目。投資者需要仔細瞭解這些項目的特點和結構，並且需要注意它們計算、評估和扣除的方式和時間。

⑤投資策略。

要瞭解基金用什麼樣的方法給投資者帶來收益。這包括投資什麼，不投資什麼；投資所使用的工具；需要借入的數量；應用於投資頭寸的最大槓桿比率。

⑥重新估值程序。

它包括：以什麼樣的頻率來評定投資價值；以什麼樣的頻率計算投資者在基金頭寸上的價值；誰應該對這些程序負責；在定價時需要使用什麼樣的資料。

⑦股利和分配政策。

它是關於向投資者進行利潤和資本分配的方式和頻率的。

⑧所適用的法律。

它是指控製基金活動的法律和約束基金投資的法律。

⑨鎖住期。

它是指投資者們在基金中投資的不能變現時期。

⑩償還頻率和程序。

在規定了鎖住期后，如果適當的話，還需要給出償還的頻率和方式，需要向誰發出指令，以及確保投資者得到投資收益的時間長度。

⑪與基金運作有關的總體風險因素。

通常在規範的報單中，還應該包括這樣一些信息：同類基金的風險（Counter Party Risk）和市場的不流動性（Market Illiquidity），因為它們一旦起作用的話，對投資者可能產生重大的影響。

⑫其他商業關係。

這類信息是指基金與其他實體之間的商業或費用分攤關係，這些實體可以與基金、投資經理和其他基金活動的代理人有關，也可以與他們沒有關係。通常說明書只是粗略地提供這些信息。如果說明書沒有關於此類信息的細節，投資者應該試圖找到相關的信息。

說明書還應該包括下列涉及基金運作的個人或組織信息。（註：可選擇的角色並不一定在所有的對沖基金中都存在，因為其他的人可能會負責同樣的任務）

①發起人或創辦人。

發起人或創辦人，是指負責基金市場銷售和提供客戶服務的個人或組織。

②投資顧問。

投資顧問，是指幫助投資經理執行投資策略的個人或組織。在許多基金中，投資經理和投資顧問的角色由一個人或公司來負責。

③基金經理。

基金經理，是指代表投資經理對基金進行投資的個人或組織。這個角色在組合基金中很流行，因為在那裡，投資經理的權力是對其他的基金進行投資。投資者需要仔細地閱讀說明書，以便瞭解基金和外部經理之間的關係。

④投資經理。

投資經理，是指制定投資策略並且監督投資策略執行情況的個人或組織。如果在說明書中沒有關於投資經理的詳細信息，那麼投資經理也可能會扮演發起人、基金經理和投資顧問的角色。如果有疑問，投資者應該把角色的劃分搞清楚。

⑤基金行政官。

基金行政官，是指負責處理投資者認購和償還事宜的個人或組織。基金行政官還負責以淨資產價值或合夥股份的形式計算投資者的財產。

⑥保管員。

保管員，是指負責持有基金資產的金融實體。他們控製和管理著資本的流動，以便滿足保證金的需要。

⑦首席經紀人。

首席經紀人是一個主要的金融實體。通過首席經紀人，基金經理和投資顧問把基金協調分配給不同的經紀人，並且代表基金經理和投資顧問處理不同的交易。首席經紀人還是管理借款和抵押物品（用來支持借款）的主要實體。

⑧交易經紀人。

交易經紀人是一種金融實體。通過它們，基金經理和投資顧問進行投資活動。

為了更好地理解這些不同實體之間的關係，我們來看個基金運作的例子。

當投資者向基金進行初始投資的時候，以下事情就發生了：投資者向保管員支付認購基金的款項，然後保管員向基金行政官確認基金的收據，接下來行政官通知基金向投資者發行股份。以後基金行政官將就投資情況向投資者定期報告。一旦作出了投資決策，基金就準備進行投資。

接下來，基金準備進行投資。投資經理發出指令，把某些資產從保管員手中轉移到首席經紀人手中。通過首席經紀人，這些資產將投資於市場。首席經紀人和保管員將向行政官報告他們的活動，而行政官則把這些活動記錄下來，並且定期向投資者報告。在把頭寸變現以後，首席經紀人把流動資產轉移給保管員。接著行政官等待對股份收據的確認，以便向保管員發出指令把基金返還給投資者。

## — 5.2   監管對沖基金

談到對沖基金的風險，就必須先瞭解與對沖基金相關的風險，關於風險更廣泛和更深入的討論請參閱后面的描述。

對沖基金的風險和其他的投資有很多相同之處，包括流動性風險和管理風險。

流動性指的是一種資產買賣或變現的容易程度。與私募股權基金相似，對沖基金也有封閉期、在此期間投資者不可贖回，這就是對沖基金的流動性風險。

管理風險指的是基金管理引起的風險。管理風險包括偏離投資目標的對沖基金具有的特有風險、估值風險、容量風險、集中風險和槓桿風險。估值風險指投資的資產淨值可能計算錯誤。在某一策略中投入過多，就會產生容量風險。如果基金對某一投資產品、板塊、策略或者其他相關基金敞口過多，就會引起集中風險。這些風險可以通過對控製利益衝突、限制資金分配和設定策略敞口範圍來控製。

風險：

投資對沖基金可以增加投資組合的多樣性，投資者可以以此縮小投資組合的總體風險敞口。對沖基金經理使用特定的交易策略和工具，為的就是降低市場風險，獲取風險調整收益，這與投資者期望的風險水平是一致的。理想的對沖基金獲得的收益與市場指數相對無關。雖然「對沖」是降低投資風險的一種手段，但是，和所有其他的投資一樣，對沖基金無法完全避免風險。根據 Hennessee Group 發布的報告，1993 年至 2000 年之間，對沖基金的波動程度只有同期標準普爾 500 指數的 2/3 左右。

風險管理：

大多數國家規定，對沖基金的投資者必須是老練的合格投資者，應當對投資的風險有所瞭解、並願意承擔這些風險，因為可能的回報與風險相關。為了保護資金和投資者，基金經理可採取各種風險管理策略。《金融時報》稱：「大型對沖基金擁有資產管理行業最成熟、最精確的風險管理措施。」對沖基金管理公司可能持有大量短期頭寸，也可能擁有一套特別全面的風險管理系統。基金可能會設置「風險官」來負責風險評估和管理，但不插手交易，也可能採取諸如正式投資組合風險模型之類的策略。基金經理可以採用各種度量技巧和模型來計算對沖基金活動的風險。根據基金規模和投資策略的不同，基金經理會使用不同的模型。傳統的風險度量方法不一定考慮回報的常態性等因素，為了全面考慮各種風險，通過

加入減值和「虧損時間」等模型，可以彌補採用風險價值（Var）來衡量風險的缺陷。除了評估投資的市場相關風險，投資者還可根據審慎經營原則來評估對沖基金的失誤或詐欺可能給投資者帶來損失的風險。應當考慮的事項包括：對沖基金管理公司對業務的組織和管理、投資策略的可持續性和基金發展成公司的能力。

美國證監會作為一個證券市場的監管者，將對沖基金定義為「一個常用的非法律名詞」。因為要盡可能多地將基金納入其監管範圍，所以定義較為含糊。

IMF 是一個國際性的協調組織，作為國際性的金融機構，其干預市場的能力有限，更多的是對各個國家的金融監管提出建設性的意見與觀點，其對於對沖基金的定義側重於公司設立方式、私人投資、避稅與躲避管制等特徵。

MAR 與 VHFA 作為專業的對沖基金研究機構，既沒有美國證監會的監管職能，也不是 IMF 的國際協調人的角色，其定義側重於下面幾個特徵：激勵方式、槓桿、套利。VHFA 的定義特徵是公司設立方式、金融衍生產品。總體而言，SEC 與 IMF 的定義偏向於宏觀，MAR 與 VHFA 的定義偏向於微觀層面。

美國頒布的《多德—弗蘭克法案》中對投資銀行經營對沖基金業務進行了限制，但投資銀行可以成立獨立於銀行帳戶之外的對沖基金業務公司。「這部分的剝離其實可能增加了私有對沖基金的數量和規模。」

從對沖基金註冊地來看，開曼群島是對沖基金最普遍的註冊地。根據 HFR 的數據，截至 2011 年三季度末，33.38% 的對沖基金在開曼群島註冊，百慕大占4.2%。離岸市場之外最熱門的註冊地則屬美國（大部分註冊於特拉華州），占24.97%。對沖基金大多在開曼註冊，一方面是為了迴避監管，另一方面則是因為開曼的免稅政策。

對沖基金經理大多選擇在離岸市場之外設立營運據點。北美是全球對沖基金最大的聚集地，占 46.7%，歐洲占 6.19%，新興市場占 3.67%。另外，約有22.28% 的對沖基金在全球均設有營運據點。

從資產配置分佈角度來看，全球投資依然是主流。根據 HRF 的數據，截至2011 年三季度末，對沖基金全球資產配置占比高達 45.78%，北美地區緊隨其后占39.1%，西歐占 4.96%，新興市場占 2.72%。

透明度及監管事項：

由於對沖基金是私募基金，幾乎沒有公開披露的要求，有人認為其不夠透明。還有很多人認為，對沖基金管理公司與其他金融投資管理公司相比，受到的監管少，註冊要求也低，而且對沖基金更容易受到由經理人導致的特殊風險，比如偏

離投資目標、操作失誤和詐欺。2010 年，美國和歐盟新提出的監管規定要求對沖基金管理公司披露更多信息，提高透明度。另外，投資者特別是機構投資者，也通過內部控製和外部監管，促使對沖基金進一步完善風險管理。隨著機構投資者的影響力與日俱增，對沖基金也日益透明、公布的信息越來越多，包括估值方法、頭寸和槓桿等。

許多投資基金都使用槓桿，即在投資者出資之外借錢交易或者利用保證金交易。儘管槓桿操作可增加潛在回報，但同樣也能擴大損失。採用槓桿的對沖基金可能會使用各種風險管理手段。和投資銀行相比，對沖基金的槓桿率較低。根據美國國家經濟研究局的工作論文，投資銀行的平均槓桿率為 14.2 倍，而對沖基金的槓桿率為 1.5 至 2.5 倍。

有人認為，某些基金，比如對沖基金，為了在投資者和經理能夠容忍的風險範圍內使回報最大化，會更偏好風險。如果經理自己也投資基金，就更能激勵其提高風險監管程度。

透明化是趨勢：

金融危機毫無疑問重創了對沖基金業，而麥道夫醜聞無疑讓該行業「雪上加霜」。要贏回投資者的信心，業績無疑是關鍵，而對沖基金本身的透明度也是重要手段。

「金融危機之后，對沖基金的透明化程度更高。」一方面，現在很多對沖基金已經開始通過獨立管理帳戶來管理資產，對沖基金經理只有交易權利、沒有處理資產的權利，對沖基金由第三方來對淨值定價、管理資產；另一方面，對沖基金開始根據投資銀行的信用評級來挑選經紀服務商，避免像雷曼兄弟這樣的經紀商倒閉事件對對沖基金造成重大的損失。

此外，對沖基金還在其他服務方面進行了一些創新。歐洲最大的純對沖基金 GLG Partners 在 2009 年贏得了運作 30 多億美元新資金的委託。據瞭解，其收費結構較平常水平低。湯森路透理柏對沖基金全球研究主管 Aureliano Gentilini 表示，減少單一經理基金、下調對沖基金收費都是可能的創新。此外，在收費結構模型的基礎上，一段時期資產的滾動投資或提供折扣費用，以換取更長的鎖定期也是可能的替代辦法。

另一方面，政府也在加大對對沖基金的監管。美國頒布的《多德—弗蘭克法案》要求管理 1.5 億美元資產或有 15 個客戶以上的基金管理公司必須在 SEC 登記、並公布相關信息，同時定期接受 SEC 的檢查。

　　歐盟的 UCITS Ⅲ 旨在向合規的資產管理公司提供「歐盟護照」。2011 年熱議的 UCITS Ⅳ 在基金信息披露、註冊手續與基金合併等方面作了進一步簡化。

　　「監管人應該站在投資人的角度，從投資人的角度來理解對沖基金監管。」

　　私募是對沖基金與共同基金之間的最明顯區別。美國 1933 年《證券法》、1934 年《證券交易法》和 1940 年的《投資公司法》曾規定：少於 100 個投資者的機構在成立時不需要在美國證券管理委員會等金融主管部門登記，並可免於管制。對沖基金都是以私募方式發行，但是對沖基金公開發行也是一種趨勢，2002 年港交所批准了 3 只對沖基金公開上市。黑石基金於 2007 年 6 月 22 日在紐約證券交易所上市，並受到市場的追捧，首日收盤價為 35.06 美元，上漲 13%。預計未來更多的對沖基金將會加入上市的隊伍。

　　為規避證券管理部門等的監管，Family Office 會大幅增加。

6

# 對沖基金的選擇

　　一個人一時不說謊不難，難的是一直不說謊。當你投資某只對沖基金后，仍然需要經常對其進行盡職調查。在績效好的時候，或者運氣好的時候，對沖基金經理沒有必要說謊。但是當遇到極端的情況或利益衝突的時候，對沖基金經理有可能會對你隱瞞真相。所以，進行週期性的盡職調查是有必要的。投資不是一筆交易，而是持續的多筆交易。一旦發現勢頭不對，你就應該重新考慮你的投資組合。

　　我們無法推薦對沖基金，這主要的原因是對沖基金經理使用的策略太多了，他們的投資目標和風險都不一樣，而你的投資回報目標也不一樣。要找一個符合任何投資者的策略是不現實的。對此，你必須做足功課。

　　雖然你現在並沒有那麼多的錢來進行對沖基金的投資，但這不意味著你就沒有辦法從對沖基金的理念中獲得利潤。瞭解了對沖基金的基本策略，你可以對你自己的組合進行如對沖基金一樣的管理。你的組合可以是由公募基金組成，或者由股票組成。

　　購買對沖基金與購買公募基金是完全不同的。在購買公募基金的時候，你可能會在路邊的廣告牌、報紙等地方看到廣告，然后進行購買。對沖基金不能公開做廣告，它們中有很多甚至連網站都沒有。所以，就算你有上千萬元，並打算將其投入對沖基金，你也可能面臨如下問題：一是沒有對沖基金的聯繫信息，甚至你找不到對沖基金的網站；二是不知道哪家對沖基金適合你；三是你選中的對沖基金不需要你的投入，因為資金太多可能會影響他們的投資風格。所以，對沖基金是一種私下的投資，要你用私下的方法進行投資。你可能需要找一位對沖基金業內的人士，或者向現有的對沖基金的投資者詢問。

　　跟他們進行交流的時候，你要注意與對沖基金經理進行溝通的方式。有些對沖基金經理會定時地與投資者進行溝通，可能是一個月，或者一個季度。而有些對沖基金經理卻喜歡整天坐在電腦面前不希望被投資者打擾，即便是投資者到訪，也很不情願地進行交流。這就要求你在將錢投入這個對沖基金之前，確定好溝通的頻率和方式，只有這樣，才可以按照雙方都可以接受的方式進行交流。這一點很重要，不然你可能會產生疑問，為什麼這個經理收了我的錢后就對我不理不睬了？這也許不是他的錯，他對所有的投資者都是這樣，他習慣於一心投資而不想開一些他認為是無聊的投資者大會。

　　但是，他還是會將每個季度或者年度的投資績效提供給你，用書面的形式，包括一些風險信息。這些內容對你的投資有大概的介紹。你不可能對投資有更加

深入的瞭解，因為交流的信息的內容是預先就定好的。如果你接受這樣的交流方式，那麼可以得到的信息也夠你平時判斷使用，畢竟你不是專業的基金經理，對投資的內容也無需知道太多。

　　所以，當你要投資對沖基金時，你要決定投資哪個對沖基金經理的對沖基金。這個選擇相當複雜，對對沖基金理解後，我們才知道選擇對沖基金經理也是一件非常困難的事情，如果選擇對了，則對回報有很大的好處，而選擇錯誤，你會蒙受損失。

　　第一，傾聽內心的需求。

　　你究竟需要什麼？你自己的需求是選擇對沖基金經理的標準。沒有一個對沖基金是在任何一個角度都要優於另外一個對沖基金的，只有適合自己的投資目標的對沖基金才是最好的。將自己的目標寫下來，例如，你希望的基金應該是：不投資到新興市場；至少管理了50億的資產；具有10年以上的投資績效；每個月有一份詳細的帳戶信息⋯⋯

　　設定這些目標需要你對自己的情況很瞭解，你知道你的投資目標和風險容忍度，以及包括流動性、稅務等各個方面的限制因素。這些就成為你自己的獨一無二的選擇對沖基金的標準。這一點非常重要，決定你是否能從對沖基金投資中獲得真正的利益。如果忽略掉這一步就往下一步走，到時你一定會抱怨對沖基金令你失望。這些標準可以被設定成量化的標準，不過也應該包括一些定性的標準。量化的標準可以與對沖基金的歷史數據進行匹配，選擇各個數據表現的特徵符合你要求的基金。而定性的標準可以進一步進行匹配，因為選擇的工作量較大，先進行定量的選擇可以大大縮小範圍，然后再進行定性的選擇可以辨別數據后面的邏輯，在相同的數字下面選擇更加符合自己需求的對沖基金。

　　第二，篩選適合你的對沖基金。

　　在對對沖基金進行篩選的過程中，對沖基金的數據來源沒有一個固定的權威渠道，很多機構都有自己的數據庫。你可以使用這些對沖基金數據庫，以及通過各種渠道得到對沖基金信息。如果這些基金能夠滿足你的需求，就可以將其暫時放入候選名單。

　　隨著對沖基金的發展，數據庫漸漸形成了，可以參考的信息也比原來要多。對沖基金數據庫的形成是有原因的。其中一個原因就是吸引投資者，通過績效來吸引投資者，而不是公開地進行廣告，這樣既不違反監管機構的要求，又可以吸引投資者。所以，有些對沖基金會持續地將一些基金的信息匯集到幾個數據庫中，

供各種類型的投資者參考。儘管這些數據庫有這樣或那樣的缺點且這些缺點也無法改變，但是建立這些數據庫的機構卻一直在充分地利用這些數據，給投資者提供增值的服務，例如選擇對沖基金、協助建立各種投資組合等。這些機構很多，不過大多數的機構都要在收取投資者的費用後才提供相應的服務。

同時，這些機構也會根據自己掌握的有限數據庫建立規則、對數據進行劃分，因為他們的標準不同，所以相同的一只對沖基金在不同的機構可能會被劃分到不同的類別。基於分類，建立起自己的指數。這些指數有很強的片面性，不僅數據不完整，不具有代表性，而且分類標準不統一，這導致各種不可逾越的鴻溝的產生。所以，這些指數並不能很好地說明對沖基金的績效。在指數中的各種偏見，都決定了其只能作為一個參考數據，或者從更嚴格的角度來說，這些指數根本不能作為參考的數據。

對於投資者而言，需要找尋最頂尖的對沖基金經理。中國有句老話叫「真人不露相」，有很多頂尖的對沖基金經理並不願意將他們的基金加入到數據庫，他們將這種歸檔視為一種負擔。他們已經有了排著隊的投資者，或者目前管理的資產最符合他的營運風格，故他不想再擴大規模。所以最高回報的對沖基金也許在數據庫中是找不到的。

第三，績效。

在進行進一步討論之前，必須搞清楚一件事情，這裡所說的績效，都是分析歷史上的績效，而我們做投資決定要參考的績效是將來的績效，這個將來的績效是沒有辦法計算的，所以，過去的績效代替了將來的績效成為了作投資決定的基礎之一。這聽起來很荒謬，但是，事實上大家都是這樣做的。儘管基金經理也聲明過去的績效不代表將來，但投資者難免將將來的績效與過去相聯繫，所以這是一個很大的誤區。實際上，很多歷史上績效好的基金到了后面已經不如新的基金，其原因可能是不適應最新的市場環境，也可能是新成立的基金會更加努力建立自己的品牌。無論是什麼樣的原因，都有這麼一個事實，那就是，過去的績效不能代表將來你的錢也能獲得這個回報。

所以談到績效回報，必定要與其本質來源——風險聯繫在一起，與風險密不可分的績效才是真實的績效。計算的數據一般都是經過年化的，所以計算的結果也都是年化數據。

視波動為風險的績效比率：

（1）Sharpe 比率。

　　夏普比率是獲得諾貝爾獎的經濟學教授 William Sharpe（1966）提出的。該比率的計算非常簡單：用<u>組合的回報減去無風險資產的回報，得到的差除以組合的回報的標準差</u>。<u>結果越高，績效越好。</u>

　　（2）信息比率。

　　這是夏普比率的發展，用組合的回報減去基準回報的差，得到的差除以組合的 Tracking Error。同樣，結果越高表明比基準組合的回報越高，也越值得關注。

　　從市場系統風險角度出發的績效：

　　（3）Jensen alpha。

　　Jensen alpha 是按照哈佛教授 Michael Jensen 來進行命名的，是實際回報減去 CAPM 暗含的回報的差值，從系統平衡的角度來評價回報，也就是實現的風險溢價與預期的風險溢價的差值。正的值表明組合獲取了高回報，負的值表明回報低於承受系統風險時應該得到的回報。所以，應該選擇最高值的 alpha。

　　（4）Treynor 比率。

　　Jack L. Treynor 基於市場模型提出用組合的 alpha 除以組合 β，也就是組合的回報減去無風險資產的回報，得到的差除以組合 β，這裡的 β 是相對於完全分散的市場指數計算得到。這個比率與夏普比率相似，但不考慮總風險，只考慮系統風險。Treynor 比率也是越高越好。

　　這兩個比率需要注意統計方面帶來的特殊的問題，所以我們在評估這些績效的時候需要對這些問題加以注意，因為這些決定績效的準確性。因為涉及到統計的問題，這裡就不再深入探討，在一些常用的投資軟件裡面都有這些檢驗工具。

　　視不能得到絕對回報為風險的績效：

　　（5）M2。

　　M2 是 Franco Modigliani（諾貝爾獎得主）和 Leah Modigliani 提出，他們用原先的組合和國庫券建立一個與市場的標準差一樣的新的組合，如果波動（即標準差）大於市場，就是用國庫券和原始組合組合；如果是小於市場的波動（即標準差），那就要賣空一部分國庫券。經過處理后，新建組合的風險和市場組合的風險一致，就不再考慮風險因素，直接用新組合的回報減去市場的回報。所以，仍然是結果越高越好。

　　（6）Sortino 比率和潛在上行比率。

　　Frank Sortino 教授提出 Sortino 比率，因為他認為最重要的風險是不能達到投資目標而不是波動。Sortino 比率是用組合的回報減去最小的可以接受的回報，得到

的差除以組合回報，該值低於最小的可以接受的回報的向下的偏差（Downside De-viation）。如果將分母換成潛在回報，那所得的值超過可以接受的回報的下行的偏差，就是潛在上行比率。結果越大越好。

第四，盡職調查。

接下來，我們進行盡職調查。盡職調查的本質就是去證實一些信息。在你獲得一些信息之後，你可以通過一些簡單的步驟進行驗證。例如：去網上搜索；按照對沖基金經理簡歷提供的信息看其教育和工作經驗的真實性；與該基金其他的投資者進行交流等。這些方法看起來簡單，可是的確有濫竽充數者謊造自己的工作經歷，然后詐騙投資者的資金。不過，投資者能夠揭穿其謊言的方法也非常簡單，就是打個電話給其聲稱的投資公司，就可以知道其是否在那家公司工作過。可是，就是沒有人打電話，以至於事后才知道這些工作經驗都是假的。在進行盡職調查之前，不要輕易進行投資，儘管基金經理的簡歷看起來是多麼厲害，或者投資策略多麼完美，或者歷史績效多麼優秀，這些都不足以成為投資的理由。

人為了自己的利益，會編造出各種謊言，對沖基金經理也不例外。誠信是太多人口頭上的東西，而實際上，這些人說得太多，行為上卻沒有踐行。盡職調查就是通過各種方式來確定對沖基金的真實性。這是你投入資金的大前提，將資金投入經過盡職調查的對沖基金才有可能（不是一定）達到你的投資目標。

如果人們不撒謊，事情就變得簡單很多。事情本來也是簡單的，但是如果有特殊的利益的驅動，人們就會盡量撒謊，拖時間，中國人管這叫做忽悠，即能把黑的說成白的，能把沒有的事情說成歷史上曾經發生過的真實事件。畢竟，靠嘴上的功夫，總是比真正去實踐來得快得多。實際上要去做，不僅要投入時間和精力，承受成功或者失敗的壓力，而且結果也不一定讓人滿意。口頭上進行撒謊很方便，看到不同的投資者出不同的謊言——投資者喜歡的，加以誇大；不喜歡的，化整為零。這樣的人自作聰明，害人害己。在投資之前，聽到關於某個對沖基金的信息，投資者可以把其當作一般信息處理，一聽就相信的話結果肯定會受騙。

有些投資者會通過對基金經理的第一感覺來進行判斷，這是大錯特錯的。基金經理為了讓你投資他的基金，其見面也是經過精心準備的。這個準備可能是表面上的功夫，比如筆挺的西裝、發亮的頭髮和淡淡的香水。這些外表可能給你一種錯覺——這個人很專業。要知道外表的專業不一定代表這個人的投資水平專業。如果要尋找最專業的外表，你大可去造型師中去尋找。有很多有實力的對沖基金經理關注的只是自己的投資策略是否成功，模型是否完善，而不在意外表裝扮。

所以，千萬別被第一印象給騙了。

每個基金經理都有自己的絕活，但是對於那些聲稱自己無所不能的基金經理，你要多加小心。這些基金經理如果聲稱自己掌握了大量的先進分析工具，擁有多得無法處理完的信息，但同時又沒有一個系統的觀點來進行研究，那這個經理一定是一個失敗的經理。這種基金經理在投資中的各種概念和消息隨時都會冒出來，就好像散落在海邊沙灘上的一顆顆珍珠，這些經理只能遠遠看到這些珍珠，卻沒有辦法將這些珍珠串起來。他們沒有錯，的確他們有很多的想法和信息來源，也不缺乏研究的工具，但是就是沒有一個屬於自己的系統的核心，無法將這些形成一個主線。這些基金經理在面對市場變化的時候，想法也一直在變化。要注意他們的措辭，如果你聽到他們什麼都能做的謊言，最好停止跟他們進行深層次的交流。

儘管你要將你的錢借給對沖基金經理進行管理，但是沒有理由輕易相信對沖基金經理的話。不管他的頭上的光環是多麼耀眼，也不管其歷史績效是多麼優異，先調查一下其真實性再做決定。如果你是代表基金、信託等機構進行投資，那麼，你是在投資其他投資者的錢，你必須負起責任。

記住前面的，不要受第一印象的干擾。然後你應該進行提問，這些問題的答案可能在其提供的介紹材料裡面有，但是，你還是要根據自己的思路再多問一次，這樣有助於你的思路的完整性，有助於你更好地判斷。

提完問之後，你就要與各種來源的資料進行比較。在比較中，如果有一些有差異，你要弄清楚這些差異為什麼會存在，其背後是否隱藏了什麼內容。如果發現對沖基金經理前後矛盾，你最好轉身就跑。同樣，對於一些對沖基金經理沒有回答的問題，你要掂量為什麼他們不願意回答，是否另有隱情，是否會為將來的投資收益的隱患埋下伏筆。

第五，與基金的現有客戶交流。

有一些對沖基金會提供一部分客戶的聯繫方式供你使用，你可以通過這些聯繫方式來聯繫他們。聯繫到他們後，你應該向其諮詢你關心的部分。因為同樣作為客戶，你們的利益更加趨於一致，多聽取他們的意見和建議，對你的投資決定有莫大的益處。提問的問題可能包括：你為什麼會選擇這個對沖基金，你的風險和回報目標是否通過這個對沖基金來滿足等。

通過與對沖基金經理的雇員、朋友、同學交流，你可以瞭解到對沖基金經理在日常投資中的投資決定和交易行為的真實特徵。而通過與其朋友或者同學進行

交流，你可以對沖基金經理的成長歷練路程、對其投資風格乃至人品的形成過程有個客觀的瞭解，有助於對你的判斷。

第六，與第三方機構交流。

對沖基金的第三方機構包括法律事務所、會計師事務所等。這些第三方服務的提供者對於對沖基金的某個獨特的方面有更加細緻的瞭解，例如法律事務所對其合規行為的瞭解、會計師事務所對其資產價值的掌握。這些第三方機構對對沖基金公司的具體歷史事件和處理事務的能力都有一個客觀的評價。因為它們是第三方機構，所以其客觀性和對該類公司橫向比較的經驗都能夠給你的盡職調查提供非常寶貴的資料。

盡職調查沒有問題你也可能會虧錢。

經過你的輪輪篩選，你終於確定了一只對沖基金，這只對沖基金的實際情況是真實可靠的，業績也異常優異。但是你仍然要記住，通過盡職調查並不意味著這只基金一定能夠盈利，盡職調查只是瞭解基金的實際情況，而影響基金績效的因素很多，除去撒謊這個最讓人無法接受的因素之外，仍然有很多因素會影響其投資回報。實際上，也沒人能夠百分之百確保將來的回報績效。所以，在你下定決心要投資某一只對沖基金之前，還需要考慮其他的因素。

第七，保護自己。

直到現在為止，你都還沒有真正投入資金，但是一旦到了簽合同的環節，就需要更加謹慎。因為對沖基金受到的法律約束比較少，你需要在法律方面多加注意。你與對沖基金公司簽署的合同上面會有很多條款，你要仔細地閱讀這些條款，在閱讀完這些條款后，綜合分析哪些是你不能接受的，比如仲裁的地點等。對於這些無法接受的條款，你要提出來，在與對沖基金經理達成一致後才正式簽署這些合同。一旦簽署後，這份合同就受到法律的保護。由於這份合同有非常強大的約束力，若不修訂完備，日後出現問題恐怕很難解決。

第八，這只是一個開始。

當你簽了合同，把錢投入到心儀的對沖基金之後，這並不意味著你的工作已經做完了，相反，這才剛剛開始。之前，無論是定目標還是盡職調查，你都沒有真正把錢投資出去，現在剛剛把錢投資出去，離你收回投資還有很長的一段時間。我們前面說過，未來不可預測，你必須嚴格、持續地監控基金經理的一舉一動，確保他們的行為與歷史的行為是一致的，包括對策略的堅持，當然，最重要的是他們能夠獲取非常高的調整風險后的回報。這一監控的過程與前面的盡職調查的

關注內容是一致的，目的是要確保事情按照預期的方向發展。一旦事情有了變化，即向好的或者壞的方向變化，你可能會採取行動：贖回資金、追加投資、或者繼續觀望。

如果覺得這一切太複雜，你根本不擅長，可以雇傭獨立的顧問進行這些活動。現在有不少公司專門針對對沖基金進行盡職調查，供投資者決策時使用。

從另一個角度看，對沖基金的經理們是世界上最聰明的投資者，他們眼光犀利，頭腦敏銳，善於發現和利用市場中的無效率因素。這是對沖基金行業經常向顧客宣稱的。

毫無疑問，對沖基金的經理們在給自己攬錢方面確實身手不凡。美國很多新近出爐的億萬富翁是靠玩對沖基金發財的。但是，在摩根大通研究對沖基金多年的西蒙‧賴克在他的新書中指出，幾乎沒有什麼顧客通過投資對沖基金而發財（像沃倫‧巴菲特把他很多初始顧客變成百萬富翁那樣）。確實，1998 年以來，對沖基金顧客的有效年收益率 2.1%，只有乏味老氣的聯邦政府短期債券收益率的一半。

怎麼會這樣呢？根據傳統的投資效益統計方法，對沖基金行業的平均收益不是在 7% 左右嗎？這是基金管理界一個常見的問題，類似於招標行業的「贏者詛咒」現象（最終中標者總免不了過度支付）。如果你給一些基金經理們每人同樣數量的錢去投資，那些效益好的基金會吸引更多的顧客，那些效益中等或低下的基金，它們會變得越來越大，效益低下的基金難免遭受關門的命運。

發生在個別基金的這種情況同樣會發生在整個對沖基金行業。1998 到 2003年，對沖基金平均每年都有正收益，從 1999 年的 27% 到 2002 年的 5% 不等。那時候，對沖基金行業的規模相當有限，在 2000 年，總資產只有 2,000 億美元。

這種優越的表現吸引了退休基金、慈善基金和大學的捐贈基金，這些基金的投資組合剛剛遭受了互聯網泡沫破裂的打擊，他們理所當然地把資金湧入了各種「另類資產」，如對沖基金和私募基金等。到 2008 年年初，對沖基金行業管理著大約 2 萬億美元的資產。

但那一年，對對沖基金行業來說，正好是多災多難的一年，平均損失高達23%。以現金值來說，那一年的損失就比 2000 年全行業的資產總值的兩倍還多（2000 年對沖基金仍然處於興旺期）。賴克先生指出，2008 年對沖基金行業的損失可能足以衝銷過去十年中它所創造的全部利潤。

在這一點上，對沖基金經理們可能會叫屈，因為使用賴克先生的計算方法，

2008 年的損失對對沖基金的收益有著巨大的影響。但假如按照股票市場計算收益率的辦法，從 2001 到 2010 年，對沖基金比標普 500 的表現要好。

但是，經理們對私募基金的評價方法與賴克先生使用的方法相似（以內含收益率 IRR 為基礎），而且這種方法可能誇大了對沖基金的收益率，因為「幸存者偏向」（表現差的基金不再報告他們的數字）以及「回填偏向」（只有成功的新基金開始報告數字）可能會把年收益率誇大三至五個百分點。此外，很多投資者是通過「基金的基金」途徑投入對沖基金的，更會多付一成費用。

即使把 2009 和 2010 年的市場回升（以及對沖基金的收益）計算在內，投資者仍然處於下風。因為他們還沒有把 2008 年的損失補償回來。但是對沖基金經理們卻在 2008 至 2010 的三年中拿到了幾乎 1000 億美元的管理費（1998 到 2010 年總計 3790 億）。

投資大眾，包括很多機構投資者應當改變他們對對沖基金的盲目信任態度。個別的基金經理可能確實是很有能力的，但是很難事先辨別他們。約翰·鮑爾森在他賣空次貸債券發財之前並不是很知名的，而且自那以后他的投資效益就一落千丈了。投資對沖基金會使一些幸運的基金經理們在他們的豪華遊艇上享受提前退休的樂趣，但不會使退休基金彌補他們的損失。

對沖基金行業最扣人心弦的一個故事是美國長期資本管理公司（LTCM）演繹的。它告訴我們，如果你沒有能力看透公司的謊言，那麼你就可能損失全部的財產。

這家對沖基金的管理者是投資管理界中的無可爭議的強者，包括了兩位諾貝爾經濟學獎得主。在他們的身上籠罩了太多的光環，榮耀和財富至今還被人津津樂道。可惜的是，這個傳說僅僅維持了 5 年，就被無序的市場打破，被擊敗得一塌糊涂。

長期資本管理公司曾經一度獲得 28%～59% 的年度收益率，4 年總計 185% 的回報率。這個數據在投資者眼中看起來非常誘人，大多數人根本沒有把這個公司與破產聯繫在一起。所以，儘管他們已有高達 30 倍的財務槓桿的時候，華爾街所有的銀行仍然沒有疑慮地、不需要任何保證金地向他們提供資金。

羅伯特·莫頓和馬爾隆·斯科爾斯兩個人在 1997 年獲得了諾貝爾經濟學獎，而這兩個人，同時在長期資本管理公司工作。諾貝爾經濟學獎是經濟學界的最高榮譽，獲得了這樣的榮譽的人儼然已成為了傳奇人物，而兩個這樣的人都在一個公司工作，可以想像當時長期資本管理公司是多麼輝煌和驕傲。可見長期資本管

理公司的合夥人所擁有的關係和聲望在當時是無人能及，這是公司最重要的資源。誰能想到這樣的公司即將面臨破產？如果你是投資者，在面對這樣的對沖基金管理公司的時候，是否也會毫不猶豫地投入所有家當呢？你是否也覺得，在可以選擇的對沖基金公司裡面，沒有哪家公司能夠比這家公司更讓你放心了？如果你當時處於這樣的情況，即有一大筆錢，同時認識長期資本管理公司中的人，他們讓你把錢給他們管理，那麼你可能就這樣做了，但結果不言而喻。

　　長期資本管理公司從一定程度上來講，類似於銀行的運作，其利潤來自於利差，即通過向市場提供流動性來獲取盈利。長期資本管理公司有上萬筆的交易，每一筆交易都有一點點利差，將這些利差累計到一起，就是非常大的數字。但是，市場並沒有循規蹈矩地按照正確的價格來對證券定價，故市場上出現的瘋狂的沒有任何經濟原理支撐的失控行為會造成極大的差錯。他們通過數字來控製風險，把價格的波動幅度視為風險。按照他們的假設，價格不會出現跳躍，是平穩波動的，這樣他們就可以在沒有風險的情況下進行套利。這樣的假設在市場沒有風浪的時候是正確的。但是，當價格出現跳躍式的變化的時候，巨大的市場風險就產生了。近年來，出現多次的百年不遇極端事件給這樣的思維敲響了警鐘。市場不會有大的改變的假設是有缺陷的，例如在使用 VAR 的時候，前提假設是市場像原來那樣變化，但是市場的多次極端事件表明市場並不是按照之前的情況進行變化的，這使得 VAR 的使用具有固有缺陷。

　　長期資本管理公司開發出自己的模型。但是不管這些模型有多麼神秘，多麼嚴密，都不能完全預測市場。在基於市場是穩定的假設上得到的模型，價格的偏差在極端情況發生的時候是致命的。市場不應該是一個乏味的上下波動系統，而是反應諸多事件的系統，包括諸多完全估摸不到的事件，而這些事件不是通過計算機模擬可以得到的。在信用市場缺乏流動性的時候，即所有的人都在同一時間退出市場的時候，長期資本管理公司的模型完全失效。

　　造成這個問題的原因是多方面的，長期資本管理公司模型的失效除了認為市場是按照昨天的路繼續重複之外，還忽略了一點，就是每個人都是自私自利的。這種自私的人性，沒有在模型中體現出來。自私的人性帶來的不確定性是一個無法確定的因素，無法用數字表達。量化的模型並不能將無序的世界分類排序，只能帶來虛假的安全感。

　　這個世界是無常的，很少有人願意講好話或是幫助別人，大部分的人都是在扯別人后腿。在事情沒有開始的時候，也就是利害關係不起衝突的時候，大家都

是表面上能過去，口頭答應或者表示支持。但是，一旦有利益關係發生衝突，人們會馬上翻臉，速度比翻書還快。長期資本管理公司的人在這次破產中深刻地體會到這一點，他們發現身邊的人和事的不變的規則是有利益就上，其他規則就是沒有規則。

## ▬ 6.1 盡職調查

當你要投資一個公司的股票，在投資前想要看該公司的財務數據，那你可能忽略了一個前提條件，即你看到的財務數據是真實有效的，是反應了企業的經營活動的。如果這些數據為了達到某種目的，比如，管理層的薪水與企業的績效掛勾，這個時候的財務數據就已經是假的了。如果是堅硬混凝土地基，在那個地基上蓋房子是沒有問題的，但是如果是稻草和泥土組成的土地基，你應該在上面蓋房子嗎？有一些公司有兩本帳，一本是真實的經營狀況，一本是給公眾看的帳本。關於會計作假的方法，熟知會計工作的人或多或少知道，比如，在收到訂單還沒有收到貨款，或者還沒有交付貨款的時候，就確認這一部分是銷售收入了。兩個利潤率都是 12%，你怎樣才能區分哪個是真的哪個是假？這個時候只有精挑細選，才能選到好的公司。

在企業風險管理的案例中，會計可以稱得上是一門藝術，財務報表就是藝術品。而投資決定大多數建立在財務數據上，也就是建立在藝術品之上。造成這個現象的第一個因素是各個國家和地區的會計準則是不同的，各個證券交易所對公司的要求也不盡相同。儘管在各個機構和監管部門的努力下，會計準則也在趨同一致，但是大量的差異還是存在的。這些差異造成使用不同會計準則的公司有不同的會計處理方法，結果就會導致會計數據不同。

在相同的會計規則之下，同一個公司不同的會計人員去做帳可以得到不同的財務數據。同樣，不同的公司，一家公司要破產了，另一家公司處於快速發展的時期，得到的數據也可能是一樣的。所以，對於相同比率，不能簡單地視為相同，一概而論。

就算完全按照法律法規來記帳，仍然具有很大的調整空間。就是說，會計人員在做帳的時候，可以將今年的利潤做高，也可以將今年的利潤做低，這些完全是在法律許可的範圍之內的。在中國，應收帳款一欄很多都可能是壞帳，然而不少投資者很天真以為，應收帳款是資產的一部分，不認為會有造假的情況存在。

安然事件可謂經典，通過一系列的手法將資產負債表外的債務進行隱藏，最后這個屢獲投資者青睞的公司宣布破產。破產意味著什麼？對於股權投資者而言，可能投資出去的本金都無法收回來。想想所有的媒體都在吹捧一只股票，該公司獲取了無數的獎項，你把一百萬投了進去，結果第二天，報紙頭條刊登「該公司破產」的新聞，然后其股價一直狂跌，沒有人買入這個股票，你最后得到一萬元的補償。正因為你是股東，所以在破產的時候最后分得公司財產。如果公司資不抵債的話，你一分錢都拿不回來。即便公司沒有做假帳，財務數據也讓人賞心悅目，但是也有可能會資不抵債。因為公司涉及擔保了巨額債務，而擔保的合同年代有些久遠，過幾年管理層一換，擔保書可能都不見了。即便是所有歷史文檔都保留完整，有些擔保書只有一份，公司蓋一個章就被人家拿走，所以在公司這裡怎麼找都找不到。但是，在擔保公司出現財務危機的時候，債主就會找上門，帶來巨大的麻煩。

所以，會計報表絕對是一門藝術。好的會計師可以把公司的財務數據做得非常漂亮，為了滿足投資者、稅務局等的要求進行各種調整，並且總是可以成功地達到目的。

但是這些謊言總有一天會被揭穿。如果是調整會計報表可以讓公司財務數據一直好看，就不用請其他員工，公司請一堆會計師就可以實現持續盈利了。可情況不是這樣，財務數據調整的初衷無疑是讓公司的財務數據好看，但是假的總是假的，該還的還是一定要還的。短則幾個月，長則幾年，這些公司的伎倆就會暴露在大眾的視線下。如果你被其早期的「美麗」所打動，而選擇了跟她談戀愛的話，那這個時候麻煩就大了。你左看右看，為什麼跟剛剛接觸的時候有那麼大的區別呢？這時，你要麼繼續忍受，要麼申請分手。當然，兩種結果都讓你蒙受心理上的巨大傷害，如果要分手，你會非常傷心，因為分手的成本是非常龐大的。

保護投資者，美國有了《薩班斯法案》，讓管理層要在財務報表上簽字，如果事后發現有作假，無論你在哪裡，在做什麼，都要承受被罰款加上監禁的懲罰。我們國家雖然沒有這樣嚴厲的法規，但我們國家的監管部門還是有類似的法規，作用可能有限。

管理層如果凌駕於這些規章制度之上，那麼這些是一點用處都沒有的，是做給別人看的。一旦涉及自己的利益的時候，這些冷冰冰的控製內容，是完全缺乏約束力的，公司的人也不願意約束自己的權利。

要讓管理層做好公司風險管理，只有兩種情況：第一，是監管部門的要求，

如果你不做就是違背法律法規，要接受懲罰；第二，是私人部門經理的公司，私人部門經理對自己公司的每一分錢都是非常愛惜的，管好風險就是管好自己的錢，所以也是利益驅動。而現在的上市公司基本上都可以排除第二種可能性，都是以第一種類型的動力去做風險管理。但是，在要滿足監管要求又要限制自身利益的時候，可能會做好嗎？看穿他們的謊言是非常重要的。

### 6.1.1　對沖基金的分析

我們該如何並且從哪裡得到信息來分析和劃分對沖基金呢？基金的說明書通常是一個好的分析起點。這份資料是關於對沖基金投資策略和投資哲學的信息，以及對沖基金過去的記錄。這些信息可以給我們一個大概的印象，即這個基金可能會屬於三個基金種類（相對價值型、價值多頭型、市場導向型）中的一個。然而，對沖基金說明書中語言往往含糊不清，也可能會過於一般化而沒有實際內容。而且，經理們會時常調整投資策略來適應市場環境的變化或是滿足他們特殊的需要。所以，投資者花費一定的時間觀察和分析經理的歷史記錄也很重要。問題是投資者該從哪裡獲得進行這些評估所需要的資料呢？

甚至到最近，投資者對沖基金還是十分陌生，因為它的運作還處於一種秘密狀態。只有那些超級富豪和信息靈通的投資者才可以得到投資於對沖基金的機會。我們可以找到許多原因來解釋這種神秘性。有一些是文化上的，許多對沖基金經理出身於投資銀行財產部，在那裡保守機密是鐵的紀律。有些是實際的原因，許多經理不願意透露過多有關頭寸的信息，以防止其他市場參與者免費利用這些信息。

許多對沖基金似乎也願意被一種神秘的氣氛所包圍，以此來增加對投資者的吸引。新聞媒介近年來，圍繞著對沖基金和它們的投資與運作方面的風險、財富和神秘性，進行著連篇累牘地誇張報導。我們決不能低估新聞媒體使對沖基金在投資者的腦海中留下印象的作用。同時，我們也決不能低估對沖基金利用這點來獲利。這正是我們只能接觸到有限的對沖基金信息的原因，也是最為重要的一個原因。

具有諷刺意味的是，對沖基金聲稱它們是致力於開發並利用金融市場失效的一種產業，而對沖基金市場本身也是個不完善的市場（從金融含義上講），它的運作在很大程度上依靠一群旨在匹配買方（投資者）和賣方（投資經理）需要的中間人，而后者完全有理由拒絕向公眾透露信息。這些代理人的存在是由該產業的

結構方式決定的。許多對沖基金是人員精練的企業家組織，甚至在自己的行業圈內他們互相之間也鮮為人知。而與此相反的是，多數投資者能夠自由處置的投資資源非常有限。如果是私人投資者，他們只有有限的時間，同時還想要在投資時匿名。如果是機構或公司的投資者，他們就需要外部的專家來進行或確認他們內部的調查和評估了。這些中間人在買方和賣方中穿針引線、進行調查和核實，並且獲取高額的佣金（經常從買方和賣方兩方面拿錢，他們會偏向那些報價最高的人），他們希望維持這種市場的不透明來維持自己的地位。這意味著即使經理們願意向投資者提供信息，代理人也會出於既得利益的考慮限制信息的傳播，從而避免喪失他們的佣金來源。

但是，現在事情發生了變化，自從 20 世紀 90 年代中期以來，下滑的銀行利率、減少的經紀人佣金以及投資公眾對獲得兩位數收益的渴望都推動了備擇工具的發展。而且，當許多傳統的經理試圖做出更好的業績和獲取更高的收入時，許多對沖基金特有的技巧和操作方法（槓桿作用、使用衍生合約、激勵費用等）已經慢慢地成為投資世界的主流。各國的監管機構對這些操作方法在內部市場上所施加的諸多限制措施正在逐漸放鬆以便順應離岸業務的發展，而且這個進程的速度正在加快。

隨著對投資者口袋中的錢的爭奪日益加劇，對沖基金正在增加它們的透明度，這恰好體現了它們的靈活性以及善於聽取潛在投資者和國際監管機構的聲音，現在提供對沖基金信息和數據的出版物和資料在逐步增多，這樣就削弱了中間人在這個市場上的控製。法律也在調整，從而允許公開對沖基金的業績和經理的信息。美國證券交易委員會在 1997 年規定對沖基金可以使用互聯網用戶服務器發送數據，條件是只有「合格的投資者」才能得到這些信息。這是一個里程碑式的決定，它是潮流的開始，而這股潮流將很快會讓已經被在線經紀人的魔力所迷住的投資者處理關於對沖基金研究的數據，記錄對沖基金的投資淨資產價值以及下載它們的業績歷史和基金說明書。

儘管搜集數據比從前變得更加容易了，但是評估基金業績和找出最能滿足投資者要求的產品卻變得更加複雜了。

#### 6.1.1.1　從事實中發現真理

那些成功的金融決策與其說是科學，不如說是藝術。當關於對沖基金的信息還遠不夠充分的時候，成功的對沖基金投資是一門真正需要去研究和注意的黑箱藝術。

這裡有兩條關鍵的線索可以幫助投資者選擇對沖基金的經理：一是定量線索，也就是對經理所實現的數字（包括收益、標準差等）進行分析；二是定性的，也就是對經理本身和他們所處的市場進行分析，無論我們怎麼強調定性分析和對經理評鑑聽證作用的重要性都不過分。一個好的評鑑聽證過程是偵探工作、心理研究和敏銳的產業眼光這三者的結合體。

許多基金會用富有吸引力的歷史記錄和豐富的定量信息向公眾介紹自己，以此來說明它們所介紹的投資工具是「下一個最偉大的事物」。而對於那些由成功的市場商人提供的基金則更是如此。

毫無疑問，我們必須對這類介紹用某種有益的懷疑眼光來看待。下面的兩個說法「過去的表現不代表將來的結果」和「謊言，可惡的謊言和統計數據」應該牢記於投資者的腦海中。

月度收益的歷史記錄只能告訴我們基金經理一部分的表現，不過它所提供給投資者的數據可以用來考察下面的事情：

鑑別能夠持續帶來好結果的經理，確定隨機因素（運氣、市場趨勢等）對經理業績表現的影響。

發現錯誤的信息（對結果的誤導和做事風格的偏離），找出某些需要更進一步調查、評鑑和聽證的事情，這並不是些小事。對沖基金的歷史已經有了幾次引人注目的失敗。如果當時投資者能夠正確地看待這些問題，並且進行徹底的考察，那麼這些失誤本來是可以避免的。

### 6.1.1.2　歷史記錄中的問題

除了基金說明書之外，另外一個對沖基金信息的重要來源是它的歷史記錄。在分析一個基金經理的歷史記錄時，投資者務必要牢記的是過去的表現並不代表將來的結果。過去的表現告訴我們的只是過去的故事，並不能告訴我們經理在將來會做什麼。但是歷史記錄又能告訴我們什麼事情呢？

對沖基金股份的購買和賣出是由原生資產的價值決定的。在計算的時候，我們先要得到基金現金的價值，然後加上敞開的頭寸，再減去基金的債務。這種計算基金價值的方法叫做淨資產價值法。因此，一位投資者在對沖基金投資中的收益取決於其持有的對沖基金股份或基金淨資產價值的變化。一個對沖基金的歷史記錄只是記載了基金的歷史收益，這種收益是通過價值的時間變化來衡量的。一份歷史記錄會告訴我們一個基金的淨資產價值是如何隨時間發生改變的。然而，在我們使用歷史記錄估計對沖基金價值時，我們必須要注意以下幾個問題：

### 6.1.2　歷史收益

#### 6.1.2.1　相關性問題

　　許多基金會給出形式收益，這個收益是基金在歷史上本來可以實現的理論收益，如果基金使用了某種方法、某個經理或某種資產組合的話。形式收益單在下列的基金中特別常見：

　　組合基金。在這種基金中，現有經理們的歷史記錄根據出基金發起人確定的某個權重結合在一起，這通常是以一種正確的方式事后確定的。

　　新對沖基金。這些基金的經理依靠從前在投資銀行或其他基金的歷史記錄來顯示他們的投資技能。

　　假設基金投資者沒有分發紅利或是沒有做任何的資本分配。系統跟隨式商品交易顧問基金，這類基金經理感興趣的問題是說明如果過去使用了他們的系統，那麼這套系統會在過去表現出什麼樣的業績。

　　因為形式收益尚未得到現實市場的認可，所以形式收益的歷史記錄不應該作為評估經理們的相關因素，因此應該對此持有保留意見。

#### 6.1.2.2　一致性問題

　　傳統經驗告訴我們，從某個經理處獲得收益的時間越長，我們對他的評價也就越好、越準確。事實上，這是一個值得懷疑的說法。金融市場時刻都在變化，有時候變化的速度很驚人。當我們看超過五年的歷史記錄時，除非我們有反面的證據，我們應該通常假設經理使用的技巧和投資方式方法在改變，這不一定是壞事。一個能夠成功適應市場變化，並且一直表現良好的經理正是投資者的選擇對象。然而，不斷變化的投資方式和技巧會使年度之間的比較變得困難，而且也容易出錯，正如我們可能無法比較這個蘋果和那個蘋果的差別。

　　基金所減少的風險並非依靠經理本人的業績，而是取決於其他經理的業績，而這些經理的業績並沒有在說明書中詳細說明。如果不對策略的迅速變化作調整，那麼對基金十年業績進行分析的任何嘗試都將會導致完全錯誤的結果。

#### 6.1.2.3　費用

　　我們應該經常檢查所有的管理、業績表現和行政費用是否從我們的業績數字中扣除了。我們還應當查看說明書是否有與股份購買和回購有關的額外費用，然后調整歷史記錄數據來反應這個問題。由於存在多種多樣的費用（既可以是明確的，也可以是隱含的），所以在比較基金的時候，很重要的是要保證歷史記錄的收

益數字不包含各種費用。只有這樣才能保證數據的一致性，從而比較數據才會有意義。

### 6.1.2.4　估值

我們已經看到淨資產價值要求用通行的市場價格計算基金的資產和負債。下面是一些不同的計算方法：

（1）盯現。

在計算資產的時候使用通行的現貨價格。這對像股票這樣的一維資產很有用。對於股票而言，市場價格就是它的重置價格。而對於超過一維的資產，例如衍生合約來說，市場價格很少是重置價格，因為其他像時間價值和波動性等因素也會給資產的重置價格造成重大影響。盯現的方法對基金的頭寸和資產價值的估算並不準確，它不能確保計算淨資產價值的價格就是我們在市場上變現資產組合的價格。

（2）盯模。

根據某個數學模型來確定資產的價格。這個數學模型可以算出現貨價格和評估影響資產價值的其他因素，例如時間價值和波動性。這種方法的問題是，在很多種情況下，一種金融資產的市場價格與計算機得出的理論價格是截然不同的。與盯現一樣，我們也不能保證計算某個資產組合的淨資產價值時所使用的模型價格正是我們在市場中變現資產時的價格。

（3）盯市。

當對資產使用通行的市場價格時，資產的價值就是由真實的重置價格來決定的。顯然這是衡量基金價值最好也是最為有效的方法。投資者應該花費些精力去弄清楚市場價格是如何確定的。只要是流動性資產，找出準確的市場價格並不困難。但是當基金的資產流動性較差時，事情就變得複雜了。在這種情況下，投資經理自己可能會向管理者提出價格。價格也可能出自於經紀人，對這些經紀人來說，他們可能會從向經理提供的誘人價格中得到既得利益。在其他情況下，經理們也可能會在某個相對不流動的市場上表現得非常好，以致於他們可以影響價格來滿足自己的需要。但是對后面的這種情況務必要小心，因為這可能會給經理們提供機會來歪曲報告基金的真正價值，吹捧他們的個人表現或隱藏損失。不幸的是，這類現象時常出現。投資者應該提高警惕，提防這類事件的發生。

很顯然，所有這些因素對出於分析目的而使用的歷史記錄的真實性，會產生很大影響。這些問題在評鑒聽證的時候都應該問得很詳細，因為忽略詢問這些細

節的投資者會面臨巨大風險。

### 6.1.2.5　斧頭問題

除非已通過評鑒聽證過程的驗證，長期的歷史記錄可能還會隱藏許多其他問題，這些問題會使作出有意義的估值變得困難。這些問題包括了經理、策略、槓桿和市場的變化。

所有這些問題可能會讓不慎的投資者落入「斧頭悖論」問題。這個困境引出了下面的問題：如果我有一把斧頭，3 年后我換了斧柄，2 年后我又換了斧刀，那麼我所擁有的還是 5 年前的那把斧頭嗎？

換句話說，在觀察一個長期歷史記錄的時候，我們不應該關注歷史記錄本身的長度，而應該關注歷史記錄與經理們目前活動相關的部分。

### 6.1.2.6　變動目標問題

對沖基金是非常靈活的工具。如果有需要的話，它可以在一天內改變它的風險程度。鑒於它的靈活性，我們應該清楚，許多對沖基金的淨資產價值（NAV）給我們提供的僅僅是基金活動的概貌，因為它們只是些統計數字，所以它們幾乎不能告訴我們基金的價值和基金投資方式是如何變化的。

為了更好地瞭解這個道理，我們回到 1992 年 9 月索羅斯量子基金的這個例子上來。市場規律表明，在這個時期量子基金相對德國馬克賣空英鎊賺了 18 億美元，根據英鎊貶值的幅度以及量子基金所報告的利潤，我們可以馬上得出量子基金所持有的英鎊頭寸一定是 100 億美元左右，這大概是基金所報告的該期資本的兩倍。根據頭寸的幅度和它的盈利，我們可以認為在這段時期內量子基金的收益與英鎊和德國馬克的匯率緊密相關。量子基金每天的淨資產價值（NAV）的變動方式與匯率的變動方式看上去只是在很短的時間相同。這一點可以通過在這個時期量子基金收益和英鎊的相關係數得到證實。結果顯示月度收益數據對英鎊的相關係數是 0.23，但是當使用每天的收益數據時，相關係數則不到 0.100。情況為什麼會是這樣呢？記錄表明大部分的頭寸一定是在 9 月 11 日建立，然後在 9 月 22 日平倉的。這意味著頭寸是在九月份被建起和平倉的。

既然大部分的英鎊頭寸是在九月份建倉和平倉，那麼其他因素也可能會影響量子基金的收益。除非我們掌握了這些信息，否則就此來推測基金的活動將毫無意義。

換句話說，如果我們不能準確地知道在確切時間上的基金頭寸數量，即使是考察和評價每天的基金價值，也無法幫助我們瞭解基金在產生收益時所承擔的風

險。因此，一個基金市場導向的程度越大，它的交易量就越大。而交易量越大，就越可能在短期內改變頭寸和槓桿比例。在交易量很大和基金短期改變頭寸的情況下，只有把經理在確切時間點上持有的頭寸完全和完整地公布出來，業績表現數據才會告訴我們基金真正做了哪些事情。

### 6.1.3　數理統計方式

在評估對沖基金的時候所使用的統計工具大多採用了所謂的正態或高斯分佈。從信號處理到測驗得分，這種分佈是許多此類隨機事件或現象統計分析的基礎。正態分佈之所以被廣泛採用是由於以下的因素：一是許多隨機事件的確服從正態分佈，或者可以用正態分佈近似描繪；二是正態分佈在數學上是很容易處理的，它有許多良好的性質可以簡化它在實際中的應用；三是我們很難忽視傳統和習慣的影響力。

通常我們假設一個過程服從正態分佈與下面的事實有關：正態分佈在許多基本統計軟件的應用中處於核心的位置。它的應用與其說是有意識的選擇，還不如說是懶惰或習慣的結果。一個著名的物理學家對這種狀況感到很生氣，他對此談到「做實驗的人喜歡使用正態分佈，是因為他們認為搞理論的人會證明它的普遍適用性。而搞理論的人使用它則是因為他們認為做實驗的人會證明它在現實世界中的適用性。」由於內在的惰性，正態分佈也被廣泛地應用於它們並不適用的場合，這樣就帶來了災難性的后果。

正態分佈最吸引人的性質是，給定由元素 X 組成的一個數據組和數據的個數，一旦我們知道了這個數據組的均值和標準差，我們可以通過公式導出剩余的分佈，正態分佈通常用來描述具有等概率結果的隨機過程。

#### 6.1.3.1　正態分佈和樣本取值

為了評估對沖基金，正態分佈最有效力的一個性質是中心極限定理（The Central-Limit Theorem）。簡單來講，這個定理是說如果原生過程服從正態分佈，那麼從該分佈中提取的任何樣本也都將服從正態分佈。進一步說，在獲得樣本以后，我們在樣本分佈與整體分佈之間遇到的偏差，隨著選取樣本容量的增大將會變得非常小，以致於我們可以忽略不計。把這個定理用在對沖基金上，它可以告訴我們兩件事情：一是如果基金依賴於原生市場（股票、債券等）來產生大部分的收益（例如在互助基金和低技能的對沖基金中）且這些市場的收益服從正態分佈，那麼這些收益的分佈也將服從正態分佈。二是如果我們從一個經理具有正態分佈

的歷史記錄中提取收益樣本，那麼這些樣本的收益也將是正態分佈的。

正是中心極限定理使得在對經理的歷史記錄做定量分析的時候可以假設正態分佈的收益。然而，如同我們指出的那樣，要讓這個定理發揮作用，原生市場的收益分佈必須要服從某個正態分佈。在許多對沖基金中，情況並不是這樣簡單。因為對沖基金的收益呈現出了偏斜和尾形，並且在某些案例中還出現了多峰的情況——這也被稱為多模型分佈，這些都是與正態分佈不相容的性質。在這些情形中，非正態性給對沖基金帶來的這些錯誤（偏斜、尾形和多峰）是不可預測的，因此我們只能逐個地對它們進行分析。

### 6.1.3.2 正態分佈和寬尾

正態分佈是某種非常緊密的分佈，與那些「非正常值」並不相容。這些非正常值是位於其他數據範圍以外的極端事件。在正態分佈中，與某個分佈相關的結果中有三分之二會落在以均值為中心的正負一個標準差範圍之內。而有95%的結果會落在以均值為中心的正負兩個標準差範圍以內。這就意味著在大多數情況下，這些極端事件或非正常值的概率是非常小的，以致於我們可以忽略它們不計。如果情況並非如此，那麼我們就說分佈具有寬尾。許多金融市場極端事件發生的頻率看起來要超過由正態分佈所預測的數值。因為這樣，越來越多的金融文獻指出寬尾是內生於金融市場的性質，而不是金融市場的偶發情況。

### 6.1.3.3 正態分佈、峰度和偏度

（1）偏度。

偏度（Skewness）刻畫了分佈圍繞均值的非對稱程度。

正偏度（Positive Skewness）說明分佈具有向正值延伸的非對稱尾部。

負偏度（Negative Skewness）則說明分佈具有向負值延伸的非對稱尾部。

儘管偏度系數的符號會告訴我們分佈偏斜的方向，但是系數本身的大小並沒有給我們關於偏斜的信息。許多不同的分佈可以有相同的偏度系數。所以我們偏向使用 d 比值（Dratio）來評價對沖基金。我們可以很容易地得到 d 比值，而 d 比值也給我們提供了關於某個分佈偏斜程度的有趣信息。

（2）峰度。

峰度（Kurtosis）是用來刻畫某個分佈與正態分佈相比相對的峰尖或平坦程度。

正峰度表明了分佈是相對峰尖的。而負峰度則表明分佈是相對平坦的。峰度給我們提供了一些關於分佈所具有的尾部類型和形狀的信息。

沒有在分析中使用峰度系數，這是因為它並不是唯一衡量分佈「尾形」的工

具。我們一直偏向於使用圖形分析和其他一些系數的分析來確定偏斜程度這種具有啓發意義的方法，這裡「其他一些系數」包括赫斯特系數（Hurst Coefficient）、d 比值和標準差等。

　　對主要的對沖基金類型比較了峰度、赫斯特系數和標準差。與我們的預期相一致，具有最高赫斯特系數（隨機性的程度和擬合某個正態分佈的程度最大）的基金也具有最大的峰度，這表明了基金收益是某個「峰尖」的分佈。具有最小赫斯特系數的基金看起來也具有最小的峰度。然而，我們無法把結論做任何進一步的推廣。

### 6.1.3.4　正態分佈和對沖基金統計量的可靠性

　　對沖基金收益分佈中的尾形和偏斜還會對某些衡量對沖基金業績的基本工具產生影響。這是因為許多此類的統計量隱含假設了收益服從某個正態分佈。下面的段落描述了那些會嚴重受到正態分佈假設影響的統計量。

### 6.1.3.5　表示風險的工具

　　（1）標準差。

　　一旦基金的數據產生了偏斜、尾形或多峰，那麼 95% 的數據就很有可能不會落在以均值為中心正負兩個標準差的範圍之內。根據缺陷本身的性質，傳統的標準差要麼會過高要麼會過低估計數據圍繞均值的波動幅度，這樣也就過高或過低估計了風險。這也意味著用標準差來排列基金的風險會讓人產生誤解，因為這個統計量本身可能是有缺陷的。

　　（2）夏普值（Sharpe Ratio）。

　　有許多方法可以計算夏普值。最常見的方法是算出基金經過風險調整的平均收益，然後再除以這些收益的標準差。因此夏普值只是一個收益除以風險的比例。不過，當對沖基金的數據出現偏斜、尾形和多峰的時候，基金收益的均值和標準差可能會錯誤地代表了基金真實的收益和風險的性質。這也就意味著以標準差來排列基金的風險會產生誤導，因為這個統計量也會有缺陷。

### 6.1.3.6　年度量基金風險程度的工具——Van 比值

　　由 Van 對沖基金顧問公司的喬治‧萬（Gorge Van）提出的 Van 比值用不同的方法來度量基金的風險。根據正態分佈的緊密性質，Van 比值計算了與對沖基金收益有關的損失概率。為了得到 Van 比值，首先需要算出某個經理的平均月度標準收益，然後再除以一年四個季度標準差的平均值。當某個經理在過去的 Van 比值為 20% 時，這就告訴我們明年該經理將以 20% 的概率面臨損失。這個比值的預測

效力來源於正態分佈的緊密性質。不過，一旦數據出現了偏斜、尾形或多峰，那麼我們就不能再相信中心極限定理會成立，也不能相信95%的數據將落在以均值為中心的正負兩個標準差的範圍之內。在這些情況下，由 Van 比值提供的信息將是沒有意義的。

### 6.1.4　結論

在記住所有這些問題后，我們就會明白應該以與互助基金不同的角度來看待和分析對沖基金的歷史記錄。

在互助基金中，買且持有的歷史記錄確保了基金的收益會與其所投資的資產保持得非常緊密。因此，把經理的業績表現與原生資產相比較來確定經理的能力要相對來得簡單明瞭。由於買且持有策略的束縛（無法發揮槓桿作用），經理的技能只能占到基金全部收益的20%。而對沖基金卻不是這樣。正因為如此，對沖基金歷史記錄就投資的特性和類型很難為我們提供太多的信息，而且歷史記錄也不能用於確定基金對特定資產種類或市場波動所暴露的風險。此外，由於對沖基金歷史記錄與特定資產種類缺乏聯繫，我們也就無法確保對沖基金與哪種資產種類的波動完全隔離。事實上，歷史記錄唯一能告訴我們的事情是經理在過去是如何做事的。為了用有意義的語言對此加以解釋，我們需要從歷史記錄中找出經理在產生收益時所需承擔的風險數量。

## 6.2　金融風險和對沖基金

如果要從一個對沖基金的歷史記錄中提取出有意義的信息，我們就必須要確定經理產生收益時所承擔的風險有多大，這就要求我們必須理解什麼是風險。

在我們的日常生活中，風險常被看作是危險的東西。如果我們希望過上平靜、幸福的生活就要設法規避它。事實上，風險是可能存在的事件。《美國遺產繼承辭典》將風險定義為「遭到傷害、損失或危險的可能性，包含了不確定危險的因素或過程。」用淺顯易懂的話來說，風險就是說從 1000 英尺高的懸崖上掉下來我會摔死，但如果我離最近的懸崖還有好幾千米遠，那麼就不是風險。只有當我真的有可能從 1000 英尺的懸崖摔下來，這件事對我來說才是有風險的事。所以風險不是一件有害事件的結果，而是它可能發生的機率（或稱為概率）。

在金融市場中，風險也是由不確定性決定的。確切地說，與一次投資、一個

頭寸、一位投資經理或是一個基金相聯繫的不確定性。

### 6.2.1 金融風險

#### 6.2.1.1 與眾不同的特點

金融風險在結構上與我們日常生活中所遇到的風險有很大區別。這是因為金融風險總是向那些願意接受它的人給予回報，相反會讓那些設法避免它的人付出代價。

自從義大利文藝復興時期人們開始關注不確定性以來，不確定性和它的回報就成為金融市場一個不可分割的重要組成部分。如今，全球金融市場的有效運行比以往更嚴重地依賴於這些市場對持有風險的投資者給予的回報。現在這個機制變得更富有效率了。自從二十世紀八十年代早期開始，大量的資源和智慧被用到成功識別和解開金融市場中各種不同的風險類型（貨幣、利率、商品、證券、信用等）。由於這個機制的作用，今日的投資者可以運用更複雜的技術來管理他們的金融活動：比較和分析他們願意接受或拒絕的風險類型，並且對持有的風險給出定價。這使得投資者可以更準確地度量資產組合的收益和風險。

我們要問的問題是，為什麼在金融市場中風險和報酬是如此緊密地聯繫在一起呢？原理上這個問題的答案很簡單，沒有人願意承擔一項風險投資（一項最終結果不確定的投資），而不收取比所承受的風險要更大的收益。只有投資者覺得一家公司發行的債券足以補償該公司在公債到期以前違約的可能性，他才會購買這家公司的債券。因此，考慮到投資可能出現的不利結果，精明的投資者需要得到一定的報酬。隨著時間的推移，這些報酬可以補償當不利事件變成現即時他們所面臨的損失。

當這些不利事件發生時，沒有得到足夠風險收益補償的投資者面對的是淨損失。如果這類事件持續發生，投資者就會喪失掉他們所有的投資資本而不得不退出這個投資領域。另一方面，如果一個投資者在某種風險中獲得了過多的收益，其他的投資者也會很快持有這種風險。競爭最終會使收益的水平能夠準確地反應風險發生的真實概率。通過這種機制，金融市場可以精確有效地平衡風險和收益，以保證至少在理論上它們能夠得到正確的定價。不過，現實的金融市場要複雜得多。

#### 6.2.1.2 複雜和動態的本質

在上面的章節中，我們看到金融市場的實質就是風險與收益之間長期而持久

的互相作用，是對將來以及真正發生的結果的認識。在當今的金融市場上，股票、債券、商品和貨幣的價值總是在不停地變化，有時甚至以秒來計算。這意味著金融風險和收益也是會發生變化的，而且經常是在一天之間就變化極大。使問題變得更加複雜的是，不僅金融風險是動態變化的，而且它還是由大量因素決定的，在這些因素中，有些是知道的並且是可以預見的；而另外一些則不可知並且是隨機的。這就是說，風險過於複雜，以致於我們不可能通過有意義的方法把它們度量準確。在這種局限下，投資者所能期待的最好辦法就是去估計它，這就要求投資者使用歷史數據和統計工具，期望過去發生的事情能夠在將來持續發生，期望他們的計算是正確的，並且期望他們沒有忽略某些微小但卻關鍵的細節。這種考慮會使風險和收益之間的互相影響變得更加複雜，儘管我們在前面所描述的基本原則會隨著時間的推移而產生作用。

因為投資者不能準確地度量出項目投資的風險和收益，他們就必須依賴於估計。這也是建立在一系列有意義的猜測的基礎上，這些猜測使用了複雜程度不同的統計工具。猜測這個詞根據定義就表明了它們是不準確的，而且還有缺陷。投資者總是面臨著風險事件的事後真實結果和事前感覺的結果之間持續不斷的動態影響。這樣，投資者就不得不依賴於這樣一種感覺：在他們確定投資的風險基礎上，投資的收益是公平的。當然我們無法確信，投資者感覺中的收益恰好等於投資者持有的真實風險產生的收益。

理解了這一點，我們就開始明白在旁觀者的眼中，當今金融市場的收益和風險是如何之大的。同樣的金融資產在被投資者買進和賣出中可以帶來不同的風險和損失。每一個投資者都是根據自己主觀上對資產風險和收益之間權衡得失的理解來作出投資決策的。儘管存在對風險不同的主觀理解，現實總是讓事情或多或少地保持某種平衡。沒有一個投資者會在很長的時期內一直錯誤地判斷風險。投資者們對某個事件的風險和發生概率在主觀感覺上的差異最終會被糾正。把風險發生後的正確收益水平估計過低的投資者會遭受到超過預期水平損失的懲罰。

從這些簡單的描述中我們可以看到，為什麼各類對沖基金經理們所熟知的許多套利風險要大於人們表面上所看到的風險。任何對套利背後的假設和數據方面的認識缺陷都會導致在套利真實風險和主觀感覺上的風險之間產生偏差。這不可避免地會導致令人吃驚的不利結果。當真實風險要比主觀感覺上風險大得多的時候，所獲取的收益就無法彌補所遭受的損失。

這種真實風險和主觀估計風險之間不斷的動態相互作用正是投資吸引人的地

方。持續準確地估計風險是一種投資魔術，是那些具有傳奇色彩的投資者的成功素材，同時也是對沖基金出色的業績表現。不幸的是，對風險的錯誤判斷是發生在對沖基金投資者身上的投資損失、金融崩潰和其他不幸事件的最大誘因。

### 6.2.2 識別對沖基金的風險

談到回報，大家津津樂道；談到風險，都絕口不提。為什麼會這樣？因為大家把風險和回報獨立開來了，卻不知道風險跟回報是一樁事情，而不是兩樁事情。風險是一個名稱，可以是事前的、事中的、事後的，定義起來標準不同，有些是回報的來源，有些是對回報的特徵進行描述，無論哪種風險都會決定回報。你願意承擔什麼樣的風險，就有機會獲得多大的回報。片面地不看樹根有多深而只看樹上的果實有多少的人，實際上是顛倒了因果關係。

在投資領域，風險的意義更多的是跟回報聯繫到了一起，一般的認為都是風險越大回報越大。但是對沖基金打破了這個規則，高風險高回報，低風險低回報，這是大家普遍接受的規則。但是對於對沖基金經理而言，這個規則失效。他們出現的目的，就是在不減少回報的同時，降低風險。這聽起來有點荒謬，但是，在過去的幾十年裡面，對沖基金經理的確可以通過自己的做事方法（例如槓桿、期貨）來達到這個目標。這並不是說風險完全沒有了，那是不可能的事情。但是得到同樣的回報的同時，將風險降低，經理得到的獎勵是非常豐厚的。

可以說是基於對風險的憂患而產生了對沖基金，所以對沖基金與普通投資的不同點就在於此：對沖基金從來不規避風險，而把投資的風險細分到無以復加的程度。

實際上，對風險的認識程度，決定了你可以將風險減少到什麼程度。把一個投資的風險看清楚，就可以知道回報有多少。對沖基金在不減少回報的時候，將這些關係理清楚，從而可以減少風險。如果你對一些風險視而不見，或者根本就不認為是風險，但事實上卻是非常大的風險，那麼無論你是否採取措施，這些風險總是存在的，也總是能夠讓你夜不能寐，或者事后你也搞不懂為什麼自己虧了錢，而別人賺了錢。

風險在不同的人的眼中有不同的定義，例如：個人投資者認為損失了錢就是風險，軟件系統認為價格離其平均值的偏差程度是風險，銀行認為利息差為負是風險。因為如此，對於這些風險的管理方法就不同，這些方法之間也沒有一個完整的整體，不過這些風險都會影響投資回報。當客戶被問及什麼是投資風險時，

客戶往往回答「虧錢就是風險」。客戶定義風險的方法是行為金融學中典型的投資者心理，即不是怕風險，而是怕損失。而對於風險，客戶根本沒有沾上邊，更談不上管理這些風險。

風險的種類繁多，甚至沒有一個統一的定義的方法。然而各種定義的方法都有自己的優缺點。然而風險管理仍然可以分為兩類：理性的風險管理和心理的風險管理。從財務和信息技術兩個方面發展起來了比較專業的風險管理理論和實踐，對於任何一家企業來說，最前沿的理性的風險管理就是這兩個框架了。

這個框架受益於《薩班斯法案》條款的推動影響而被世人關注，后來又推出了企業風險管理整合框架。

而在中國的企業中，心理上的風險管理遠遠超過於理性的風險管理。

對風險進行定性還是定量分析也是爭論的一個話題。定量的風險計算不出小概率事件，成為定性分析者抨擊的弱點，定量計算的風險的複雜程度，超過了一般的企業經營管理人員的理解程度，受到貶低，也助長了定性風險管理的勢頭。也就是說，基於個人判斷的風險管理，領導可以是個人，也可以是一線的員工。他們對於每件事情的處理，長期以來有自己的一套方法，可以稱之為「經驗」。正是這些經驗，讓他們充滿了傲慢和執著，自信心十足。他們都對自己管理風險的自信心極度樂觀，認為不好的事情只會發生在別人身上，自己按照自己的一套思路做挺好。一起事故發生沒有，也只是看有沒有發生，即絕對上的發生與否，而不是從計算的角度來觀察。他們認為，一件事故發生了就是發生了，沒有發生就是沒有發生，概率計算是沒有絲毫用處的。對於管理風險的組合觀念，更是談不上。對於風險相互之間的聯繫，以及怎樣處理這些關係，公司毫無頭緒。從目前公司的管理層到一線員工，偏向的都是心理上的風險管理。這種風險管理在利益衝突的時候，往往失效。在出事的公司裡面，仔細去檢查，規章制度、操作流程一樣不缺，但是為了利益最大化，這些流程和規範反而成了需要去管理的風險。為了達到自己的目標，跳過這些規則流程，用專業的詞語，稱為「管理層凌駕」。管理層認為這些是管理自己的員工的，而不是針對自己的，阻礙自己的利益的框架。而下面員工更是上行下效，幾乎沒有人遵守規章制度。所以，即便是有流程規範參與到風險管理公司，興趣也不是太強，只是為了監管的需要或者按照股東要求做。

而工作中遇到的這些人同樣也是在資本市場中的投資者，在處理風險的問題上，一個人的行為作風是一致的，對於自己的錢，顯得更加關心。如果像他們那

樣管理風險可以得到超額的回報，我也那樣去管理風險了。問題是這些投資者的關切之心越強烈，風險就越大。還記得你拋出的股票嗎？就是這種情況。無論是賺錢還是虧錢，被賦予情感之后都會嚴重影響你的投資目標的實現。因為過於關心，就會投入很多感情，感情投入得越多，對自我的意識就越強。在賺到錢的時候，就對自己非常自信，也希望更多的回報，同時又有點后悔當初沒有多投入一些。而在虧錢的時候，就會極度恐懼，只求保本，或者忍痛割肉。所以，無論回報怎麼樣，都會有個人感情發生，這種感情是回報衍生出來的，這是一種風險。而一般投資者不認為這是風險，反而以為這是自己在管理風險。

最新的一些估值模型，已經將人的情感作為一個估值的因素加以考慮，作為最后投資決定的因素。所以，從這個角度來說，在投資中對風險的管理的心理性質的風險管理占絕對主導作用。越關心投資感情越濃，感情越濃偏見越大，最終風險越大。

如果我投資一個對沖基金，我想要知道在我的投資上會發生什麼事情，經過一段時間以後，投資是變大了呢，還是變小了呢？或者是與初始投資一樣？

用於估計這種不確定性的傳統方法是用投資預期收益的可能變動近似替代基金的風險。從直覺上看，這個方法是行得通的。如果我們要找投資技術高超的經理，那麼我們就是在找能夠給我們帶來持續豐厚收益的基金或經理。投資的風險越大，可能的收益結果範圍也就越大。換個說法，一項「安全」的投資就是一項結果「可以預測」的投資，因為經理的歷史記錄顯示在過去的時間內變動很小。

利用金融風險是投資結果變化率的一個認識，傳統上度量對沖基金風險的工具是與投資歷史記錄相聯繫的波動性或標準差，但是這個統計工具經常被濫用。

從統計學的角度來講，標準差度量某個概率分佈偏離均值的幅度。用簡單的話來說，也就是某個經理的投資結果圍繞中心平均值波動的程度。經理歷史記錄的波動幅度越大，該經理在將來的收益也就越不可測量，這樣對投資者的風險也就越大。更高的波動性意味著經理的收益圍繞平均值的波動幅度就更大，這樣就會使經理收益的標準差變得更大。

我們要格外小心，除非我們對原生數據的可比性和一致性有把握，標準差統計值會在很大程度上受到它所在歷史記錄的特點和長度的影響。

### 6.2.3 統計度量方面的問題

與其他基於歷史數據得到的風險統計標準一樣，標準差也是向后看的

（Backward-Looking）。假設歷史記錄準確地描述了經理的投資活動，並且假設我們使用了正確的工具，標準差統計值告訴我們風險應該為 x。如果這些假設在將來仍然成立，那麼我們就可以期望基金的標準差仍將繼續為 x。如果發生了假設不成立的事件，那麼我們所有的預測就都是錯誤的了。

因此，就金融中所使用的定量工具而言，我們有了一系列重要的發現。在度量風險時，使用的任何一種統計預測方法都會被我們得到風險估計的方式所影響。具體來說，所有的風險統計預測都是建立在三個關鍵因素之上的，它們中的任何一個都有可能給我們的結果帶來實質性的扭曲和偏差。考慮到它們的重要性，我們需要對它們進行一番細緻的討論。

### 6.2.4　歷史記錄

如果沒有數據，我們就無法進行任何預測。歷史記錄引出的扭曲來源於歷史記錄的時間長度，以及導出和計算歷史記錄的方式。

### 6.2.5　假設

在任何一個分析中，我們都必須就歷史記錄和我們所使用的方法和技術作出假設。這些假設包括確定歷史記錄的適當長度，計算歷史記錄的方法和過去的業績在將來的重複性。

### 6.2.6　模型

模型是我們用於表示、描述和預測我們要度量的事件的工具。因為現實世界過於複雜，以致於我們無法用現有的數學工具來進行描述，所以任何模型都只是對現實世界的一個簡化。這樣模型帶來的問題將不可避免地集中出現於我們所遺漏的部分，也就是為了使模型在數學上可以操作而抽象掉的眾多現實世界的因素。

### 6.2.7　將統計工具應用於對沖基金所帶來的問題

對於使用像標準差那樣的統計工具來度量基金風險的投資者，許多對沖基金會提出一些特殊的挑戰。這不難理解其中的道理。

許多對沖基金是動態投資工具，它們依靠迅速的頭寸變化和資產交易來產生收益。如同我們在量子基金的例子中所看到的，沒有考慮對沖基金動態行為的統計工具將不會給我們提供有意義的啟示。在計算標準差的過程中，我們得到的只

不過是一個靜態的衡量標準。首先，我們使用經理歷史記錄中的所有數字去計算整個歷史記錄的平均收益。我們把高收益與低收益相加，然後加以平均。接著，我們再用這些收益數據計算它們偏離均值的幅度。這樣我們就把動態世界內所有經理的業績表現反應在兩個靜態數字中：該經理的平均收益和這些收益的標準差。在計算均值時經常遇到的過寬範圍並沒有告訴我們多少關於基金將來業績表現的信息，而且在計算均值的過程中還會遺失掉很多重要的信息。解決這個問題的一個方法是在計算平均收益和標準差的過程中使用滾動數據（「rolling」迴歸）的時間段。這樣做是在歷史記錄的一個較小的固定時間段內進行計算。從我們歷史記錄的起點開始，然后隨著我們逐步到達歷史記錄數據的結尾，逐步添加和扣除時間段。由於我們的時間起點和終點一直在變化，所以我們的標準差也會隨之發生顯著的改變。根據所使用的時間窗口，基金收益的標準差在不斷變化。而且時間段越短，標準差變化的幅度就顯得越大。這就產生了下面的問題：什麼樣的時間窗口最適合做滾動計算？更深層次的一個問題是：當我們改變時間窗口時，經理收益標準差的改變能給我們提供一些關於這名經理的信息嗎？這個問題的答案取決於很多因素，例如原生於歷史記錄的淨資產價值被計算的頻率、經理進行運作的市場、我們對經理投資活動和導向的理解以及經理交易的數額。一般來說，使用月度淨資產價值和季度標準差在數據的可取性和分析的價值這兩個方面作出了最好的平衡。

根據經驗，我們在計算統計數字時至少應該要用兩個不同長度的時間段來進行滾動分析。所有在不同數據組的樣本值上出現的突然和未預料到的偏差都應當聯繫經理進行詳細分析，因為這些偏差經常意味著經理的活動或市場發生了突然的變化。

### 6.2.8 運用標準差時的隱含假設

我們已經看到基金的標準差越高，它對於投資者的風險也就越大。但是情況並非都是這樣。這個論點的真實性取決於經理收益分佈的方式。如果經理的收益服從正態分佈，這樣收益就是對稱的，那麼根據平均收益和標準差來評定基金會產生有意義的結果。但是如果經理的收益服從的分佈有任何偏斜，那麼用平均收益和標準差來識別和評定基金將會導致不正確的結論。

偏度的出現表明我們必須要分清楚正向和負向的波動性。這是因為如果收益結果偏向正值和負值的可能性不同，那麼現實世界裡的投資者對正向和負向的波

動性並非是無差異的。現實世界中的投資者在損失和盈利二者之間要更關注損失。出於這個原因，投資者會偏好正向的波動性，比基金平均收益高的正向收益總是會受到大家的歡迎。而另一方面，投資者又總是努力避免負向的波動性。所以，當其他條件一樣時，正向波動性高的基金總是對投資者更具有吸引力。

如果對沖基金收益的分佈沒有偏度存在，這樣的考慮可能只是一個有趣的註腳。標準的假設是基金收益服從正態（或對數正態）分佈，因此對沖基金的收益也是這樣的分佈。這就是說隨著時間的變化，收益結果服從一個對稱的鐘形分佈。事實上，對沖基金收益的正態分佈假設往往是不準確的。

### 6.2.9 對沖基金的收益

#### 6.2.9.1 分佈特徵

如果假設對沖基金的收益服從正態分佈，這樣就會方便我們的分析。這個假設使我們可以利用正態分佈的對稱性質和一系列簡便易行的統計工具對經理收益的一致性和穩定性作出便捷的預測（更不用說使用事先做好的軟件包進行程序性的分析），因此就會大大地簡化我們的數學分析。但是這個假設符合實際嗎？

實際的收益不能服從我們所認為的正態分佈。它們要麼偏斜於某一邊，要麼與正態分佈的鐘形形狀相比更為平坦或有著「更寬的尾形」。

#### 6.2.9.2 絕不是正態分佈

我們首先看一下主要對沖基金類型的月度收益指數。我們在前面已經給出了對沖基金的主要分類：價值基金、相對價值基金、市場導向基金。我們注意到的是沒有一種類型的收益分佈服從正態分佈。坦白地說，我們（還有其他人）最早指出了使用這種包羅萬象的分類來得出一般性的並不能告訴我們什麼實質性的東西，因為我們只是把各種不同的經理數據匆忙地拼湊在一起。我們需要著重指出的是，儘管把不同性質的基金混雜在一起，我們所得到的分佈中沒有一個服從正態分佈。這就意味著雖然我們根據大數定理來推斷「正態」效應，但肯定仍然存在著某些其他的因素使得經理的收益呈偏斜分佈。

至此為止，有關證據似乎證明偏斜收益是對沖基金的內生性質。這就是說我們在假設正態分佈收益時需要謹慎小心。但是為什麼對沖基金的收益會一貫地呈現出偏斜呢？

#### 6.2.9.3 技能

我們在前面看到，如果一個經理受到「買且持有」這種投資策略的約束較少

時，他將很可能發現收益將獨立於原生資產的業績表現。出於這個原因，經理的「技能」對產生收益是很重要的。但是經理的投資技能是什麼呢？

在前面的章節中，我們已經看到風險和回報是怎樣交織在一起的。我們也看到了風險和回報之間的平衡會隨著市場的變化（價格、新聞、投資者的信念和自然的隨機行為）而不斷地發生變化。由於市場的流動性、複雜程度和深度，這些不斷的變化可能給投資風險產生大量的但是是暫時的錯誤定價。我們也知道成功的對沖基金會通過發現和利用這些錯誤的定價給投資者的資產組合增加價值。當然，抓住錯誤定價的機會並不足以保證一個投資經理的成功。成功的對沖基金必須要控製好這些投資策略以給投資者帶來盡量多的收益。當然我們要把各種費用排除在外。這就意味著我們可以把經理的技能問題簡化為下面的兩個問題：

（1）本領。

經理發現和利用機會的能力，這是指比市場所意識到的收益更高和風險更低的機會。

（2）風險管理。

經理減少損失和讓成功者管理的能力。

在上面的任何一種情況下，技能對經理收益的淨效應應該是這些經理在成功的頭寸上得到的盈利超過在失敗的頭寸上遭到的損失。儘管我們很輕易就會明白投資本領是如何使經理收益產生偏斜的，但是要懂得風險管理就要困難一些。這樣我們有必要對它做進一步的考察。

### 6.2.9.4 偏度、風險管理和投資技能

風險管理是管理金融風險的藝術，這種藝術是用最小的成本或損失來獲取最大收益。在今天的金融市場上，經理們可以使用一些基本的工具幫助他們降低風險。

（1）直接平倉。

這就是說消除頭寸暴露於市場的風險。通過平倉（關閉頭寸），我們不會遇到任何下降的風險，因為我們已經把頭寸平倉掉了，但是我們也不會有任何上升的好處。我們已經在平倉的時點上把內生於頭寸的收益或損失給貨幣化了。也就是說，平倉是以固定我們在頭寸上的收益和損失為代價消除了對風險的暴露。

（2）給頭寸購買保護。

這就是說我們把內生於自己頭寸中的風險轉嫁給了第三方，同時使我們原生頭寸保持敞開。在今日的金融市場上，我們可以通過使用期貨、期權、掉期和其

他的金融工具來做到這一點。然而，風險的轉移對我們來說並不是沒有成本的。接受我們所轉嫁風險的人，將會要求我們對他們所承擔的風險給予某種形式的補償。這個成本可能高於、等於或者是小於我們在原生投資上所得到的收益。這些金融工具也可能會帶來其他的成本，這些成本是由對上升或下降的保護而形成的限制所帶來的。

（3）給相關但是不同的頭寸購買保護。

這種技術是另外一種購買保護的方法。這種技術背后的思想非常簡單，我可能會通過持有某種金融工具或是資產的相反頭寸，來減少風險和降低通過對沖我的原生頭寸所帶來的成本，這種金融工具或是資產的運動方式與我的原生頭寸很相似。採用間接對沖的方法是由於它的成本比直接對沖要低。這聽起來很有邏輯，而且也很好，但是，當這種技術可以降低某些套期保值的成本時，它也同時給我的頭寸增加了不同的風險。這種風險由套期保值所採用的資產或是工具隨著時間的推移跟隨原生頭寸運動相近的程度來表示。這種跟隨或是「基差」風險可以非常大，而且很難先驗地加以評估，同時也很難控製。在估計間接對沖時的一個經驗法則是，如果間接對沖比完全對沖來得更便宜，那麼隨著時間的推移它很可能是一個很差的對沖。

（4）建立一個頭寸的資產組合來分散風險。

這個技術也被稱為風險分散化。在許多情況下，這是現代資產組合理論的基石，而且是許多資產管理和配置的數學模型基礎。儘管它在數學上很複雜，但風險分散化只不過是不要把所有的雞蛋放在同一個籃子裡的常識。

如同我們所看到的，第一種和第二種技術需要我們消除或是降低投資的上升空間，而這種投資是我們將要對沖的。用另外一種方式講，對沖通常需要承擔成本。這種成本通常會減少在原生投資上的收益。對沖所暴露的風險頭寸越大，我們的成本就越大，而且我們的收益也會越低。因此除非一個經理是在完全沒有效率的市場上操作（在這種市場上參與者會得到持久連續的純粹套利機會），否則很難進行持續地完全對沖並且獲取高額的收益。這並不是說這種事情（指純粹的套利機會）在任何時候都不可能發生。金融市場是一個高度波動、動態和複雜的市場，以致於經理們有時候可能會沒有成本地進行對沖。我們只是說在今天的金融市場上要想長期持久地獲得純粹套利機會是不可能的。無論如何，控製好頭寸需要經理們持續地權衡風險與回報的得失。這種權衡反過來會影響到經理們的收益隨時間變動的分佈，這樣我們就在技能型經理們的收益中看到了偏斜的情況。

### 6.2.9.5 對沖基金的威脅——「寬尾」

我們已經明白經理們的技能是如何影響他們收益分佈的。如果一個經理的技能越高，他們的收益服從正態分佈的可能性就越小。

名詞「寬尾」是指異常事件（大的收益或是損失）發生的頻率要比依賴於正態分佈假設所預測的來得大。

這就告訴我們，經理的技能越高，他的收益就越不可能服從正態分佈。因此，在決定經理收益的偏度和尾形方面最為關鍵的因素是他們一貫發現和利用具有非常高的風險/回報比率（高風險和低收益）機會的能力，或者是通過減少損失和讓成功者來操作管理好頭寸和風險的能力。

此時我們就完全有理由問下面的問題：最佳基金收益的實際分佈和預測所使用的某個正態分佈之間的差異，會不會影響我們用標準差來估計最佳基金的風險？

用標準差來衡量波動性是一個會產生誤導的風險指標。這就提出了一個問題：如果對沖基金的收益趨向於出現偏斜，並且標準差在衡量具有偏斜特徵的數據時不是一個好的標準，那麼我們用什麼來衡量風險呢？

### 6.2.9.6 作為風險指標的 d 比值

我們現在知道對沖基金的收益出現偏斜時會包含有關怎樣管理基金的信息，根據這個想法，我們可以導出一個強有力的工具來估計它們。我們可以看出來對沖基金收益的偏度是與經理的能力相關的，這種能力要麼是持續的找到高收益和低風險的機會，要麼是用非常的技能來管理好投資，要麼是上述二者的結合。

因為經理的技能決定了我們投資者在基金中所面臨的真實風險程度，所以我們也可以用它來衡量某個基金的風險。我們把這個統計量定義為 d 比值，d 比值越小，經理也就越有技能。特別地，d 比值的數值介於 $0 \sim +\infty$ （無窮大）之間。當 d 比值為零時，這是一個沒有下降空間的收益分佈。當 d 比值等於 1 時，這是一個收益圍繞，呈完全對稱的分佈。d 比值為無窮大的時候，這個分佈表明經理不能給投資者帶來任何正的收益。通常來說，如果一個經理的 d 比值越小，他對投資者的吸引力就越大。反之，一個經理的 d 比值越大，他的吸引力就越小。最後，d 比值等於 1 應該被看作是一個警戒線，因為此時這個經理無法給我們的資產組合增加任何具有價值增值的資產。

使用 d 比值的一個方便之處就是它不用對原生的收益分佈做任何的假設，這樣就可以使我們用經理們給投資者的資產組合帶來的真實價值來對他們進行比較和選擇。

## ━━ 6.3    對沖基金隨機表現

### 6.3.1    隨機性

#### 6.3.1.1    機運和收益的正態分佈

在尋找對沖基金投資的價值增值時，投資者希望對沖基金的投資能夠給他們的資產組合帶來持久的影響。這就意味著他們需要辨別出哪些基金的收益是來自於經理技能而又有哪些基金的收益是來自於機運。

當經理的表現是由機運決定的時候，它曇花一現的性質會使投資者盲目地認為機運是持久和重複出現的。另一方面，只有技能的投資經理掌握了一技之長，才能確保他們的成功。無論這一技之長是他特有的行為方式？投資理念？所掌握的市場運動訣竅，還是高超的定量分析技術，它總是使經理們在他們的活動中對風險和槓桿有一貫的偏向，這種偏向會清楚地顯示在他們收益的偏（斜）度中。正如許多人的個性特點在長時間內相對穩定一樣，一名投資經理身上所具有的技能特點也會在長時間內保持穩定。這種技能特性並不是說患有偏執和精神分裂的人不能成為好的投資經理，而是因為這些人很難從投資者那裡募集到錢，所以他們的歷史記錄非常罕見，因此要證明這個觀點不成立就很困難。這點使投資者在將來有更大的機會看到基金的業績會重複和持久保持下去。

前面我們已經講述了槓桿和技能是怎樣影響一名經理的收益分佈的。尤其是我們知道了投資技能可以導致經理的收益偏離正態分佈，從而我們可以得出這樣的結論：收益呈現正態分佈的經理一般不能給投資者帶來價值增值。為了證明這個結論，我們首先需要知道什麼是隨機事件。

#### 6.3.1.2    隨機事件

隨機事件（Random Event）從本質上說是事先無法預測的事情。隨機事件最典型的例子是擲硬幣，類似的有市場中的價格上升下降波動。這些短期的波動歸因於市場上升和下降在短期之內連續運動的規模和頻率，它們被稱為隨機遊走。

分析機會和運氣最有效的方法是把它看作為隨機遊走產生的意外結果。因為隨機遊走存在於諸如金融市場之類的任何隨機事件中，所以我們完全可以把機會和運氣看作投資的固有特點。我們可以肯定這些幸運的隨機遊走只會是曇花一現，這就是說它們對一名經理業績的影響是暫時的，除非這些好的結果背后有經理技

能的支持。

### 6.3.1.3 收益分佈和技能

一名經理的技能可以產生穩定持久的收益，這種收益具有穩定和可以預測的偏度。

在前面的章節中，我們看到經理的技能以各具特色的寬尾或偏斜形式反應在他們的收益分佈中。我們可以在整個歷史記錄所包含的信息基礎上進行分析，也可以把我們掌握到的所有數據放在一起進行分析。要證明技能型的經理有穩定的偏度，從本質上說就是要觀察這名經理的 d 比值隨時間推移的動態過程。這就意味著要觀察歷史記錄中各個小的時間段，然后運用前面所提到的滾動窗口技術來計算 d 比值。在使用這種技術時，我們並不期望發現技能型的經理會有不變的 d 比值，我們想要尋找的是那些可以反應經理技能的 d 比值，它們會在某個可以預知並且穩定的範圍內波動。在一個動態和複雜的市場中，投資經理很難避免不受外界或者隨機事件的影響，而他們對這些事件幾乎沒有什麼控製力，這些事件會在經理們的收益和 d 比值中留下一些印記。隨著時間的推移，技能型經理有著更為穩定和更可預見的 d 比值。

### 6.3.1.4 機會和運氣、技能和黑箱

我們已經解釋了機會和運氣是在隨機市場中隨機模式的結果，我們也看到了它如何通過分析經理收益在一段時期內的偏斜類型和穩定性來識別。任何一名把投資決策建立於隨機技術的經理都不可避免地會有服從於隨機分佈並且獨立於原生市場特點的收益，不管這種隨機技術是扔硬幣還是扔飛鏢，在隨機市場中進行系統投資的經理和在系統市場中隨機進行投資的經理一樣會得到隨機收益。我們可以就此斷言，僵化的投資規則或體系，比如說黑箱操作或其他技術性交易原則，都會產生由機運帶來的外部短期盈利，但這只能是暫時現象。正因為如此，當投資者確認是這種類型的經理時，他們也應該像對機運型經理那樣敬而遠之。為了弄清楚這些觀點，讓我們來看一看下面三個假想的經理。

（1）消極先生。

作為一名採取消極策略的經理，他每月投資 1 美元。如果市場上升，他就賺了 1 美元，如果市場下跌了，他就虧 1 美元。不管他上個月是賺了還是虧了，消極先生第二個月總是再投資 1 美元。

（2）兩兩先生。

作為一名使用某種投資技術的經理，他的投資數量是變動的。他由投入 1 美元

進行賭博開始，如果市場行情上漲，他就賺到 1 美元，然後在後面的月份中再投資 1 美元，如果市場行情下跌，他損失了 1 美元，但是在以後的時期他會投資等於損失兩倍的數量。兩兩先生的交易策略被職業交易商稱作「兩倍於虧損」的策略。

（3）保守太太。

作為另外一名使用投資技術的經理，她也是採取了投資數目變化的方式。她先從投資 1 美元進行賭博開始。每次賺錢後，她就在下個月成倍地投資，如果她損失了，下個月她就又回到投資 1 美元的數目。保守太太的交易策略被職業交易商稱為「兩倍於盈利」的策略。

這三位經理的歷史記錄差異很大，兩兩先生和保守太太使用的「兩倍策略」是技能的反應。畢竟，他們勝過市場很大一塊。但事實上，這是個錯誤的假設。我們所描述的所有策略都只是被動地受到市場事件的影響，這些策略產生的結果最終可以歸因於市場的短期行為，尤其是每一種策略怎樣利用隨機遊走的方式。如同我們所看到的，目前的隨機遊走有利於兩兩先生的策略，但是在以後的時期內，隨機遊走分佈的變化可以而且將會改變他的策略以及他的同伙策略在將來成功的可能性。

根據這些例子，我們可以得出如下的結論：如果原生市場是隨機的，僵化的投資規則或體系可以捕捉到市場均衡中的短期偏離，並且可以擴大這種偏離。但是，市場中真正的長期均衡最終會再次恢復，這時任何短期的盈利都會喪失，任何一位依賴機運的經理都不得不重新失去他所獲得的利潤。

正如以上例子所示，如果我們只能考察一名經理的很短的一段歷史記錄，並且如果沒有更為有效的分析工具在手的話，那麼就很難識別他究竟是依靠機運的經理，還是依靠技能的經理。

### 6.3.1.5　識別機運和技能

現在讓我們回到消極先生、兩兩先生和保守太太這三名經理的例子中來，看看我們能從分析他們的業績中學到哪些更多的知識。

首先，消極先生在這段時間內 d 比值的極大波動反應了經理偏度的不穩定性，也就是說，缺乏使用一致持久的技能。而當我們同時看到他的滾動 d 比值極少落在長期 d 比值正負一個標準差的寬帶中時，這一點就更為清楚了。現在我們可以以此結論了：無論是從絕對的意義上來說還是從相對於市場的角度來說，消極先生沒有給我們帶來任何價值增值的資產。

接下來我們來看兩兩先生，兩兩先生的收益分佈近似服從正態分佈，這同樣

也肯定了我們的看法，那就是在進行投資時不使用技能的經理將會得到一個服從於原生市場收益的分佈。對於兩兩先生來說，d 比值不穩定的程度和性質證明了他的收益在來源和性質上的隨機性。兩兩先生的 d 比值中存在巨大差異是相當有趣的，因為這預示了他可能會很快表現不佳。任何一個交易商都知道，在下跌市場中「加倍」戰術只可能帶來災難。對於兩兩先生來說，短期的連續下降就可以吞噬掉他以前的所有盈利。所以，哪怕他到目前為止表現得非常優異，我們仍然可以斷言，他的表現在將來是不可持續的，因此作為投資者的我們最好不要把錢給兩兩先生。

最后，我們來看看保守太太的收益分佈。由於她沒有使用真正的技能，所以她的收益分佈也可以由某個正態分佈來近似，這可以說明她的收益中所具有的那些不同尋常的特徵（負向偏斜和正尾形）。很顯然，d 比值上的差異是由比德姆太太以規則為基礎的策略所具有的不同特徵決定的。當然不用說保守太太收益與正態分佈的一致性體現了隨機性。儘管將來的隨機遊走可能會有利於保守太太，但是她的投資還是風險很大，作為投資者，我們最好也離她遠些。

從這三種情況中我們可以看出，通過考察經理的收益是否服從正態分佈和他們的 d 比值是否穩定，我們就可以做出有意義的判斷，即究竟一名經理的收益是由機運還是由技能產生的。我們也看到了像兩倍於損失或逐漸增加（金字塔式增加）盈利的被動投資策略可能會表現得像是有技能的投資，但實質上它們不會給投資者帶來任何價值增值。這些被動策略也會影響經理的收益分佈和長期 d 比值的絕對值。雖然有這些潛在的扭曲，但對短期滾動 d 比值的分析表明它是極不穩定的，這就警告我們他實際上缺乏真正的技能。

### 6.3.2 對沖基金中的隨機性和風險

到目前為止，我們看到對沖基金的決定性因素是經理的技能和他們做這些事情的能力：能夠一貫地挑選成功者、識別市場出現的無效率機會、讓成功者經營和減少自身的損失。而且，所有的這一切必須用一種持續和系統的方式來進行，以便在風險增加較少的情況下得到高於平均的收益。這意味著每一名經理不僅要發展一套獨特的個人投資方法或是投資規則，而且還必須要一貫地遵守和使用這些規則。為了使自己的投資方法能夠開花結果，還需要使市場接受這種投資方法或投資規則。

因此，一名經理的成功必然由下列兩個因素能否有利地結合在一起來決定的：

市場和這名經理的方法。如果經理們能夠持久地把這兩個因素結合起來，那麼他們就會得到兩個結果：長期穩定的和給投資者帶來巨大價值增值的能力。而那些無技能的經理們只能得到隨機上下波動不定的 d 比值。

作為投資者，當我們無論從歷史數值還是從絕對值上看到 d 比值的偏離時，這都預示著經理的技能可能正在喪失或是根本不存在。然而，作為一種考察經理的指標，單獨使用 d 比值只會讓我們看到一部分的問題，因為它只是一種回顧性的統計量。在考察經理的時候，我們還需要其他一些信息才能確定某個特定經理 d 比值的變化是暫時波動的結果，還是表明偏離了規則和給我們的投資安全亮出了示警信號。

## 6.4 對沖基金經理的技能

Alpha，來自其他因素的回報，其中就包括基金經理的各種技巧。

alpha 因此就是對沖基金經理的標誌，因為其他的回報都與他們沒有太大關係，換成誰都可以得到一樣的回報，而 Alpha 就因人而異，你可以給對沖基金經理編號：Alpha 1 號、Alpha 2 號……這個完全可以解釋他們給你帶來的收益的多少。

帶來正的 Alpha 是件非常不容易的事情，對沖基金經理為此也獲得豐厚的報酬。

如果 Alpha 有正的話，那麼也一定有負的。負的 Alpha 意味著這些基金經理將因為自己的失誤而把你的財富損失掉。他們沒有因為自己的專業知識和經驗，給你的財富帶來更多的個人方面的貢獻。相反，因為他們的個人判斷，你失去了你本來應該有的那麼一部分財富，也就是說，你花錢請人來減少你的財富。這聽起來很荒謬，但是的確存在這種情況。無論理論還是從實際上都存在。這個時候選擇一個能夠持續帶來正的 Alpha，或者至少不帶來負的 Alpha 的基金經理是非常重要的。就好像一個感冒病人，來到醫院選擇醫生，如果選擇正確的醫生，可以將你的感冒治好，但是如果你選錯了醫生，則可能把你的感冒拖得更嚴重。所以，選擇好對沖基金經理絕對是重要的。

### 6.4.1 經理技能

#### 6.4.1.1 d 比值的變化

分析一名經理 d 比值隨時間變動的方式可以幫助我們認識這名經理的技能。它在估計一名經理能給我們的資產組合增加多少價值增值時是很有用的。但是，這

畢竟只是一種回顧性的統計量，如果我們已經投了資，這時再通過看 d 比值的變化來監督經理就沒什麼效果了。當 d 比值的變化能夠告訴我們什麼的時候，我們可能已經來不及保護我們的投資了，而在此之前，d 比值的間或變化並沒有給我們提供什麼有價值的信息。為了更好地對經理們進行監督，我們需要找到某種方法來確定他們的收益（和 d 比值）中的波動是暫時還是持久的，以及幫助我們確定這名經理是否給我們帶來了價值增值。這一類的信息可以讓我們就什麼時候需要重新安排我們的投資作出有意義的決策。

### 6.4.1.2 識別對均值的恢復

當我們需要確定一名經理 d 比值的變化是不是暫時的時候，最簡單的方法是觀察它是否能回到均值（Mean Reverting）。也就是說，我們是否能夠預測到 d 比值中的變化是可以恢復並且收斂到一個可以預測的長期值上。我們有理由認為那些 d 比值可以恢復到均值的經理對我們投資者是有吸引力的，因為他們帶來長時期價值增值的概率比較大。

一個識別恢復均值的方法是使用赫斯特指數（Hurst Index），它用數字表示了一名經理的歷史記錄圍繞某一個均值波動的趨勢，而無需對原生變量的行為做任何的假設。赫斯特指數在 0 到 1 之間，它可以告訴我們經理收益圍繞均值波動的特徵，這樣它就能夠幫助我們確定經理們的業績表現是隨機、穩定（Persistent）的，還是恢復均值的。由此我們就可以對經理們的表現作出某些結論，而這些結論可以幫助我們對投資的安全和獲利能力作出有效的評價。

為了更好地理解這一點，我們先來看一看不同數值的赫斯特指數所代表的含義。具體地說，如果赫斯特指數落在 0 和 0.5 之間，我們可以認為經理的歷史記錄是不穩定的。這就是說，經理的收益趨向於隨機波動，但是隨著時間的推移它會收斂到一個穩定的數值上。儘管這個範圍的指數會帶來變化不定的結果，但是只要這些結果收斂到的長期值大於零，那麼隨著時間的推移這樣的經理就會為我們帶來好的長期結果。

當赫斯特指數落在 0.5 左右，我們可以認為這個經理的歷史記錄是完全隨機的。也就是說，我們可以認為這名經理在某段時間段內的收益不會受到以前的收益影響。對這種經理最好是要避之不及，原因我們下面會談及。

當赫斯特指數落在 0.5 和 1 之間，我們可以認為這名經理的歷史記錄是穩定的。這就是說，我們可以認為他在任何一段時期內的表現會強烈受到以前時期內表現的影響。但還沒有哪位經理可以持久地產生穩定的收益，至少從理論上講。

如果有這樣的經理，那麼他就是當代的邁達斯國王，邁達斯國王是希臘神話故事中的人物，傳說他很貪財，並且能夠點物成金，他能把所有他摸過的東西都變成金子。所以，一旦看到哪個經理有這樣的歷史記錄，我們就理所當然地要對他持審慎的懷疑態度。

### 6.4.1.3　赫斯特指數

正如赫斯特指數所預示的那樣，大部分成功的對沖基金經理們的赫斯特指數在一般情況下會呈現出回到均值的趨勢。當然也有一些對沖基金，它們的赫斯特指數很不幸地接近於 0.5 這個隨機值附近。可以發現一個有趣的現象：一個對沖基金類型的導向性越強，赫斯特指數就越向 0.5 這個數值收斂。

當一名經理投資風格中市場導向程度越低，我們就越有把握預測這名經理的收益會收斂到一個已知的數值。如果這名經理在某個月份的收益超過平均值，那麼他下個月的收益就很有可能會低於平均值，反之亦然。這樣，隨著時間的推移我們就一定能夠看到這名經理的收益會有一個持久穩定的平均值，對於投資者來說，這就意味著穩定的價值增值。不過，從一名經理的全部歷史記錄中導出的長期赫斯特指數也只有有限的價值，正如我們在本書前面的章節中所提到的一些其他統計量一樣。

經理投資風格和市場的動態過程最終決定了赫斯特指數值。因此通過使用滾動窗口技術，我們可以認定赫斯特指數是不斷變化的。利用滾動窗口技術所得到的短期赫斯特指數會告訴我們更多關於經理的信息，這一點並不會讓我們感到太奇怪。因此，在我們投資之後，用赫斯特指數來監督有名的經理的表現就顯得格外有效。

### 6.4.1.4　赫斯特指數和對經理的評價

為了弄清楚赫斯特指數的短期變化可以告訴我們一名經理什麼樣的信息，我們選取兩個極端的情況。具體地講，就是把注意力放在赫斯特指數最高和最低時的兩種對沖基金的投資方式上：宏觀基金和抵押基金經理。抵押基金經理們的滾動赫斯特指數顯示出要比宏觀基金經理們的滾動赫斯特指數大得多的波動性。不過，我們注意到短期滾動赫斯特指數也呈現出含有各種可能性的數值：隨機、穩定或不穩定。難道這些短期數值也能夠告訴我們一些關於經理表現的信息嗎？

我們所發現的第一件事情是：平均地講，月度收益數據中的極端變化是與超過長期赫斯特指數值 1% 標準差的偏離。也就是說，只要短期赫斯特指數值波動到正負一個標準差的區域之外，經理的月度收益就會發生變化，而變化的幅度和方

向都會保證使經理的業績表現回到一個可以預測的均值上去。但是，我們再進一步觀察就會發現，在某些時點上，短期赫斯特指數值表現穩定（也就是說在 0.5 到 1 之間）。只要發生這樣的情況，在回到均值之前，經理下個時期收益就與前個時期保持一致的方向。當短期赫斯特指數值不穩定時（如在 0 到 0.5 之間），也會出現同類形式的行為。在這種情況中，經理的收益會在下個時期立即向反方向變動。看起來，根據赫斯特指數值的變化我們可以預測經理從一個時期到下一個時期業績變動的方向、速度和幅度。有了這個認識，我們就可以有效地監督一名經理的業績表現了。

為了保證這個見解的可靠性，我們再來看抵押基金經理指數的變動方式。我們看到在短期赫斯特指數中存在著大幅波動。赫斯特指數會從回到均值的數值（小於 0.5）跳躍到穩定的數值（大於 0.5）。特別是在指數為穩定值的時期，我們就會連續獲得月度盈利。而當赫斯特指數改變方向並且開始變為隨機或不穩定的數值時，我們就會遇到突然的修正。正如我們在前面所見到的，這種變動方式與經理業績中的隨機遊走完全一致。這樣，抵押基金經理的赫斯特指數長期值接近於隨機值 0.5 也就不足為奇了。

根據前面的討論，我們已經清楚地知道赫斯特指數是一個強有力的統計工具，它具有多種用途。從回顧性的角度來看，我們可以用它來突出顯示和證實用其他方法或統計量所得到的關於經理的評價。從前瞻性的角度來看，它還可以用來監督經理的行為以便顯示出可能存在的問題，這樣就可以確保我們投資的安全。

我們談論的赫斯特指數再次強調了經理收益中存在的隨機性問題。但是這裡無需對原生分佈做任何的假設。既然隨機性總是出現在我們的分析之中，因此我們需要研究它對我們的財富所產生的任何可能影響，這些影響可以幫助我們進一步地瞭解對沖基金和它的運作方式。

### 6.4.2 基金經理評級

給不同的基金經理評級就好像給酒店評級一樣，最高級的酒店是 5 星級酒店。對沖基金在投資管理領域的地位就像是 5 星級酒店在酒店中的地位一樣，每一顆星都凝聚了對沖基金的獨特魅力。對沖基金經理星級，指的是價值/品質關係比值。在金融市場中，對沖基金享有很特殊的市場和社會地位。從不同的對沖基金高達 40%的提成之間的區別，你可以驚嘆對沖基金的神聖和迷人。

#### 6.4.2.1 第一顆星品質

對沖基金具有卓越的品質，大多數對沖基金都是設計精巧且可以經受各種環

境的挑戰。很多對沖基金在計算某一個股票的內在價值之前，在調帳方面就有上百個需要進行調整的，從而得到公司最真實的面目。對沖基金經理數在十年的研究后，才得到一些模型，這些模型不僅是準確和客觀的承諾，更由對沖基金經理的一點一滴的心血凝聚而成。在品質方面，更是一種對「完美」的卓越追求。

### 6.4.2.2　第二顆星個性

對沖基金還有一個特點是陣容龐大卻又不乏個性。在一個對沖基金下面，可能同時營運著幾個不同策略的對沖基金，面對新的市場機會，也會新開發出一些對沖基金，同時關閉一些已經失去市場機會的對沖基金。對於有特定要求的客戶，對沖基金量身定做出符合這些投資者的投資策略和一整套的運作方案。不論資本市場是怎麼樣的發展和變遷，對沖基金經理們都堅持自己的個性，這種個性在資本市場大放異彩。

### 6.4.2.3　第三顆星潮流

對沖基金的顯著特徵還在於其引領潮流。對沖基金經理對市場趨勢進行判斷，引起資金在資本市場來來回回地流動。普通投資者只有通過資金的流動來判斷對沖基金經理們在想什麼，從而跟隨著將資金投入該領域。

### 6.4.2.4　第四顆星收費

對沖基金在收費上也非常讓人吃驚。在普通的基金公司，收取的管理費最多不超過3%。對沖基金收取的管理費是很少的，有些甚至不收取管理費，但是對於盈利的部分，要收取20%~50%的費用。假設他不收管理費，只收取25%的績效費用，今年你把1億元給他，他不收取管理費，但是如果年末達到2億元，他就要收取2500萬元的績效費用，你只能得到1.75億元。不過這樣也有好處，那便是投資者可以節省大量的時間來做自己的事情，而無需再去考驗身心的承受力。

### 6.4.2.5　第五顆星情感信仰

這是最高的一顆星，因為投資者在選擇對沖基金經理進行投資的時候，已經對對沖基金經理的精神加以領悟並讚同。投資者買入的是這個對沖基金所富含的對最卓越的境界進行堅持不懈追求的精神，這種追求的精神在各種困難的環境下顯得更加獨特和重要。這是一種歸屬感和認同感，已經遠遠超過事情本身。

做對沖基金的人，是經過了時間的累積、素養的熏陶的。真正能夠在對沖基金領域成功的人註定了只是小部分，他們是真正懂得資本市場、欣賞並陶醉於自己的操作的人。

對於對沖基金來講，它不是像賣產品一樣，市場佔有率越高，身價就越高。

對沖基金不會在各大媒體上投入廣告來提高品位，也不會贊助各種比賽來增加曝光率。但是，即使如此對沖基金的客戶卻也不乏各類超級明星、大富豪及政府官員，他們的選擇往往是在更高的一個層面上，是代表最高投資者趨勢的風向標。

## ▄▄ 6.5　隨機性和對沖基金的失敗

### 6.5.1　賭徒輸光

#### 6.5.1.1　對沖基金為什麼會失敗

　　直覺上我們會有這樣的感覺：經理們回報中的隨機性是損失的前兆。為了解釋這其中的原因並且瞭解隨機性對我們投資者會有什麼樣的影響，我們需要利用一些對隨機性、概率和賭博活動的數學研究成果。這裡的賭博是指可以從不確定或隨機事件的結果中賺到錢的活動。

　　從數學的角度來看，投資和投機有許多共通之處（這裡不涉及道德判斷問題）。使用對投機活動研究的大部分成果去分析投資，並且利用這種分析拓展對沖基金和它們的活動，還是相對比較容易的事情。不幸的是，許多數學上的研究成果太抽象也太數學化，而且往往還會與我們的直覺相反。要詳細論述這方面的內容需要用到大量的證明和高級微積分，因此，我們盡量避免細節問題，只用盡可能簡單的方式來選取和描述在我們案例中所要運用到的工具和公式。同時，為了簡單起見，對原生函數作方便性的近似假設。我們承認這些簡化會削弱我們所舉案例的嚴謹性，不過，這會方便讀者閱讀這些章節，而且能夠更加清晰地闡明我們所要試圖作出的論點。

　　有些工具能夠顯示出隨機方式的危險性，其中最為有趣的工具是「賭徒輸光」理論。這個理論中的最基本原則是：當經理像前面舉例的消極先生那樣，處在賺錢和虧損機會相等的隨機市場上時，他將會把所有投資者的錢都虧掉。這種事情發生的真實概率由經理所使用的槓桿比率決定。也就是說，在盈利和虧損機會相等的隨機市場中，使用槓桿比率越大的經理，其經營失敗的可能性也越大。對於看過前面關於槓桿討論的讀者而言，他們對這個結論不會感到任何奇怪。相反，如果沒有任何槓桿，經理人把投資者所有的錢虧損掉的概率則取決於市場中原有的可能性：50%。通過使用「賭徒輸光」理論，我們還可以確定經理人把投資者的錢虧損掉的速度。

6.5.1.2　基金的存續時間

我們已經討論了隨機遊走如何使一名對沖基金經理人在某一個短時期內有優於市場的業績，因此就有必要弄清楚在一段不長的基金存續時間內，一名對沖基金經理人有多大的獲勝機率。答案是：非常大。

我們可以使用「布朗運動」中的一些數學性質來粗略地計算這種可能性。布朗運動是數學家和物理學家描述微粒隨機運動方式的數學名詞。這些布朗運動的性質被稱為反三角法則（Arc-sine Law），它們可以幫助我們理解諸如水分子在熱水中或是粉塵在空氣中的運動，並且能把這些運動方式模型化。

這種情形使我們在盈虧機會均等的假設下，可以導出一名經理在破產前的經營時期中，能以一定的概率連續數個月獲利，這些結論可以解釋現實世界中「搶手」經理人的現象。這些經理的業績表現就像流星，在毀滅之前會發出瞬間的光芒，但接著就從我們的視野中消失得無影無蹤了。作為富有經驗的投資者，我們要盡力避開這些經理們的短暫魅力，因為他們會不可避免地傷害到我們的利益。

當我們把有關技能、隨機性和持久性表現的所有結論匯集到一起時，我們就能發現，無論一名經理的短期業績有多麼出色，只要在他的收益中隨機性的成分很高，那麼他把所有投資者的錢虧損掉的概率就很大。

不過，我們到現在所得出的這種寬泛的結果以及給人以深刻印象的概括僅僅是建立在一個非常脆弱的假設之上的，這個假設就是經理們是在盈虧機會均等的市場上進行運作的。如果情況並非如此，那又會發生什麼樣的事情呢？

我們已經研究了動態交易策略、風險控制、槓桿和識別（風險/收益關係吸引人的）投資的能力是如何使真正的技能型對沖基金經理產生出盡可能大的獲利概率。一名經理技能的高下可以從其收益分佈中的偏度和隨著時間推移分佈的相對穩定性中看出端倪來。對於經理們來說，對收益持續出現偏斜的批評並不適用。不幸的是，用以描述經理們的數學複雜性無法使我們進行簡單地概括和預測。我們唯一可以肯定的是，那些面對有利機會的經理們可以用槓桿在不增加風險的前提下來提高收益。而且，由於他們的表現沒有被明顯地限制，所以從理論上講，他們可以無限期地繼續其投資活動。

另一方面，對沖基金經理經常遇到的是不利的盈虧機會，像不完全信息、交易成本、執行延期和其他一些真實投資世界中的障礙，它們會增加經理們虧損的可能性。這些不利因素還可能破壞經理們發展出來的或是在早期顯示出來但是由於各種原因而無法維持的投資技術。從理論上說，一名明智的對沖基金經理在碰

到不利的市場盈虧機會時，他就不應該向客戶籌錢，而且要停止投資。當感到自己的投資武器變得遲鈍的時候，時不時會有一些對沖基金的經理會把錢還給投資者，並且對他們的基金進行清盤。但是可惜的是，這些還錢和清盤的例子在對沖基金世界中與其說是一種模式，倒不如說是一種罕見的情況。貪婪、驕傲、無知常常蒙蔽了許多對沖基金經理的眼睛，他們只為了保持市場中有利的盈虧機會便喪失了自己的技能。

但公平地說，並非所有的經理都是這樣的、許多對沖基金經理在基金的起始階段便知道他們面臨著不利的市場盈虧機會，但這種不利的市場盈虧機會在它們達到理想規模的時候被克服掉。在這些對沖基金中，經理們為了產生誘人收益來擴大基金規模以及解決各種開支費用，就不得不接受挑戰。此時，經理們的最優行為可以用賭博游戲中的數學運算來描述。數學家們已經證明了在面對不利的市場盈虧機會時，經理們給投資者產生最大收益的唯一方法就是採用最貪婪策略也稱作為「貪婪的法則」。這個結論也許是此項研究中最違反直覺的成果。

在目前的論述中，貪婪法則意味著對於一個剛剛起步的基金來說，要產生誘人的收益，其最佳做法是下一筆大賭註，而且是越大越好。與此相類似的是，技能不佳的經理可以通過集中頭寸來改善他們的業績表現。槓桿可以迅速地產生高概率、高收益的情況，這是經理通過增加賭博的規模從而大幅地超過可用資本來實現的。當然，如果賭博產生了不利的結果，那麼市場行情的下降就意味著更高的死亡率。

到目前為止，我們假設在一次性賭博博弈中，每次賭博的結果概率相同。在真實的世界中，管理一個基金相當於隨著時間的推移下一系列的賭註（基本上來說，基金在市場上每個時期都是盯市的），而其市場的盈虧機會也隨時間推移而變化。如果不是因為不利的盈虧機會而損失殆盡的話，無論經理是投資於同一種頭寸還是另外一種頭寸，經理人賺得越多，他在下個時期投放的風險資金就越多。因此，即使是在盈虧機會可變的多期賭博中，這種把所有的東西作為賭註的策略也是一個最優的策略。我們要用類似的直觀方式來解釋這個結論更加困難。盈利的總概率是一個非線性的自遞歸函數，它每個時期的盈虧機會是根據前一個時期的盈利來給出的，這個函數難以計算出非常精確的結果。

儘管得到這些數字的條件是高度抽象的，但是這也在預示我們對沖基金的死亡率相當高。具體地講，這個理論告訴我們，在 4~5 年的經營期中，新的對沖基金中會有超過 80% 的基金經理因為把全部投資者的資金虧損掉而宣告破產。顯而

易見，如果這樣高的死亡率存在於現實世界中，那麼我們對投資於對沖基金就必須要特別的謹慎與小心。

### 6.5.2　對沖基金死亡率

由於缺少可靠的對沖基金數據，我們很難確切地計算出對沖基金的死亡率。鑒於死亡率在對沖基金評估中的作用（所謂的生存偏差），這一點令人十分遺憾。

現有包含對沖基金信息的數據庫很少能夠跟蹤或是識別那些已經經營失敗的對沖基金和那些只是不再向數據庫的賣主報告信息的對沖基金，之所以這樣有許多原因。我們經常碰到的一個例子是封閉式基金，當這種對沖基金達到資金規模目標時，它就會因為某些市場原因不需要再通過數據庫向公眾傳遞信息，這樣它就可能會選擇停止向數據庫報告信息。這樣的經理將會從對沖基金數據庫中消失，但是他還在繼續經營並獲利。我們需要更多的信息才能夠把數據庫的信息作為計算對沖基金死亡率的信息來源。現有的信息反應了對沖基金有超過66%的死亡率，這個數字是驚人的。

在這些停止運作的基金和經理中，他們的平均生存期限為3.5年，這與我們在前一節中所做出的預測大致上是一致的。

有許多人不是把對沖基金稱作是金融市場中「下一個偉大創舉」就是把它稱作是「大撒旦」。我們希望讀者們對這些誇張之詞進行審慎地對待。首先我們指出了，不存在一種把所有各種不同的對沖基金包容在一起的一般性對沖基金。其次，這樣包羅萬象的概括很難回答為什麼對沖基金會存在問題。而且這種概括也無法讓投資者理解為什麼各種各樣老練的投資者——從富有的個人到各種機構，都會將他們的錢投資在這種工具之上。

作為一種表明和強調投資經理技能的投資工具，對沖基金可以為投資者帶來極大的收益，但是要正確認識這些收益就需要投資者知道應該把注意力放在什麼地方。我們強調了我們認為重要的方面，現在把它們概括如下：

（1）價值增值。

相對於其他類型的資產，對沖基金可以為它們的投資者產生誘人的收益（經過風險調整后的），所以它們是吸引人的投資工具。這種價值增值可以建立在獨立的基礎上，也可以建立在一個組合的基礎上（也就是價值增值對投資者資產組合總體帶來的經過風險調整后的收益）。

（2）經理人技能。

　　為了產生價值增值，對沖基金在很大程度上要依靠經理的技能來開發利用由基金投資指導原則提供的巨大靈活性。基金經理做多還是做空、使用槓桿、使用衍生工具、選擇市場和進入點的能力對於基金的業績會有重大的影響。與此同時，這種靈活性也使得投資者難以明白基金的收益究竟是通過什麼樣的方式產生的。我們並沒有一種基礎性的參照資產可以用來觀測經理或以它來作為衡量經理人的基準。在評估經理業績的時候，投資者需要注意把機運的影響從技能中分離出來，因為機運最終會導致投資的失敗。解決這個問題的關鍵是看經理的技能是否穩定。

　　（3）技能穩定性。

　　對沖基金是在動態市場上運作的動態投資工具。為了從經理帶來的價值增值中獲取最大的好處，投資者就需要辨別出那些可以持續帶來價值增值的經理。投資者也需要對經理現在和以後的業績進行監督以便確保他的技能沒有隨著時間的推移而下降。這就要求我們所使用的統計工具能夠突出顯示對沖基金行為中的動態成分。

　　（4）安全性。

　　對沖基金行為的動態過程，尤其是當經理技能匱乏或下滑之際，會給對沖基金投資的安全性構成嚴重的威脅。根據概率法則，技能的匱乏或下滑與對沖基金的損失是緊密相關的，那些經理技能不佳或下滑的基金往往會有極高的死亡率。

　　（5）利率敏感性。

　　槓桿是對沖基金運作不可或缺的一個組成部分。考慮到槓桿在對沖基金中建構的方式，對沖基金對利率的敏感程度要較常人所認為的更高些。而且，這種敏感性並不是對稱的。相對於利率下降時對沖基金所產生的好業績，它會更容易因為利率上升而產生差勁的收益。

　　在把這些問題努力弄清楚的時候，那些用於評價和監督對沖基金的傳統統計工具中的缺陷會對投資者產生影響。我們把它們概括如下：

　　（6）偏斜。

　　技能型的基金經理往往會產生帶有偏斜的收益分佈，這種偏斜會使衡量基金收益和風險時所使用的平均收益和標準差產生偏差。

　　（7）動態。

　　對沖基金是動態投資工具，它旨在開發利用它們所運作的市場中持續不斷的變化。那些把經理業績轉化為一個數值的靜態度量方法實在是無法掌握經理們真正的表現。

（8）資産組合配置

我們利用相關係數來衡量對沖基金對其他資産的敏感程度，但是對沖基金經理的技能和對沖基金運作的動態過程可能會扭曲相關係數的含義。當資産組合中包含有對沖基金的時候，這同樣會影響傳統資産組合分散化的效果。

同時，我們給投資者提供了發現這些缺陷的工具和技巧。具體來說，我們描述了滾動窗口技術是如何讓投資者對對沖基金行為有所感覺的，同時抓住了這些行為中的一些動態過程。我們看到 d 值可以使投資者利用經理收益中的偏斜來識別出更好的投資時機。赫斯特指數使投資者得以識別經理技能的穩定性和隨著時間的推移這些技能的穩定性。最後，重新考慮傳統的資産組合配置方法可以讓投資者構造出更為有效的資産組合。儘管有了上述這些有用的工具，投資者仍需牢記的是，對沖基金與其說是一門科學，不如說是一門藝術。

複雜的工具往往與我們通常的感覺相距甚遠，但是它卻能使我們更好地理解當今市場上投資的機制和現實。所以，我們花費大量的時間詳細地分析了槓桿在對沖基金運轉中的機制問題。但願這能幫助讀者理解槓桿為什麼會有助於對沖基金的業績，但是同時它也給基金經理和投資者帶來風險和其他特殊的問題。

當前，對對沖基金進行詳細分析的最主要的障礙是缺少馬上可以利用的信息，然而，這個產業正在迅猛發展。1990 年全球只具有大約 70 只對沖基金，而現在已有 500,000 只左右。在這種衝擊之下，對沖基金產業開始逐漸拋棄它與世隔絕的排外特點。隨著對投資者口袋中的錢競爭的日益激烈，我們相信對沖基金的透明度也將不可避免地會逐漸提高。

在投資迅速增長的大環境之下，無論對沖基金採取何種投資方式和風格，它們都不可避免地在尋求收益的過程中出現分化和重新組合。一些對沖基金將會擴大，並且會發揮規模效應來利用各種投資機遇。其他的一些對沖基金將會努力尋找適合自己的位置，選擇繼續保持小的規模並進行專業化的經營。無論是選擇什麼樣的增長策略，對於投資者口袋中錢的競爭加劇和不斷加強的管理力度會確保在不久的將來有更多的信息會向範圍更廣的群體公開。所以當獲取信息變得更加容易、信息傳播更為廣泛的時候，透明度的增加會吸引更多的投資者進入，而這會降低收益。反過來下挫的收益會迫使投資者使用更好的分析去找到更新的獲利機會，這又要求進一步增大透明度，如此反覆進行下去。

就對沖基金來說，當投資源源不斷地湧入這個產業後，經過風險調整后的收益勢必在所有對沖基金的投資方式中都會遭到下挫。

　　這些收益的降低會有利於投資者，因為他們可以做出更為有效的決策和評價。下降的收益還會讓人關心對沖基金投資中的風險，同時讓人看到有必要準確度量和定義風險。明白這種趨勢的聰明投資者就能理解並且正確評價某種對沖基金類型的風險以及這種基金經理的風險。它可以幫助投資者去識別和選擇那些能夠提供最為有效的風險和收益組合的經理們。如果投資者能夠正確地估計風險同時挑選出合適的基金經理，那麼他們就會避免在現有高潮之后捲入必然要出現的週期性破產。

　　儘管對沖基金作為以技能為基礎的投資工具有很多優點，但是仍然有太多的投資者像羊一樣成群結隊地對各種對沖基金進行投資，而他們實際上對這些對沖基金知之甚少。他們投資的動機不外乎是巨大財富的承諾，他們的分析只不過是簡單重複了別人的分析。有些基金面對大量毫無經驗的投資者，必然會遇到收益風險，同時它們給投資者帶來虧損的可能性也會增加。

　　坦率地講，我希望本書可以幫助讀者成為一名經驗豐富的對沖基金經理人，而不是羊群中的一只羊。

# 對沖基金現狀

在 20 世紀 90 年代以前，對沖基金僅是少數富人的投資工具，在金融市場中影響有限。90 年代以後，以量子基金、老虎基金為代表的一批全球宏觀型對沖基金在歷次金融危機中獲得巨大收益，極大地提高了對沖基金的知名度和影響力。同時，對沖基金多元化的投資策略也已日趨成熟，可以滿足不同投資者的個性化需要，因此越來越多的個人和機構投資者熱衷於投資對沖基金。

## 7.1　對沖基金的規模與地區分佈

自 20 世紀 90 年代以來，國際對沖基金行業保持了迅速擴張的趨勢。根據對沖基金研究公司（HFR）的統計，到 2008 年末，全球對沖基金數量超過 10,000 只，資產規模達到 1.57 萬億美元。歐美金融市場集中了大部分對沖基金，亞太地區成為對沖基金數量和規模增長最快的地區之一。據亞洲對沖公司（Asiahedge）的統計，目前有大約 760 只對沖基金在亞太地區活動，資產總額超過 1300 億美元，中國香港、美國、澳大利亞和新加坡是亞太地區對沖基金的主要活動基地。對沖基金在亞太地區活動的增加，對亞太地區各主要國家的金融監管當局和金融機構在維護金融穩定和風險控製方面提出了新的要求。

對沖基金迅速擴張的主要原因是，隨著發達金融市場定價效率的不斷提高，短期套利機會減少，傳統金融工具的收益率日益下降，不能滿足部分個人和機構投資者的回報要求，而作為套利者的對沖基金，憑藉其在某一領域內的專業投資技術和槓桿、賣空操作，能夠獲得迥異於傳統共同基金的業績表現，從而更好地適應風險承受能力較強的投資者的需要。從近年來對沖基金行業收益率與主要市場指數收益率的比較來看，其總體收益率並沒有明顯地高於市場指數，但在市場下跌階段，對沖基金的保值能力和收益率波動幅度則明顯優於市場指數。這在一定程度上說明，投資於對沖基金有利於分散資產組合的市場風險。

## 7.2　對沖基金的策略類型

對沖基金投資活動的目的是在任何市場條件下均可獲得正的投資收益。因此，其投資策略所體現的指導思想也是盡量降低市場波動對資產組合的不利影響，或者進而預測市場走勢，利用市場波動所創造的投資機會。與傳統投資工具相比較，

對沖基金擁有更加豐富的投資策略選擇。對沖基金研究公司（HFR，2002）總結了多達三十種具體投資策略，其他一些研究機構報告的對沖基金投資策略一般也有十餘種，而且沒有一種策略能夠成為對沖基金群體的主流策略，可以說，策略多元化是當今對沖基金行業的重要特徵之一。

實踐中人們發現，投資策略不同的對沖基金，其業績表現也有很大差異。在對沖基金的超額收益率這一研究領域，方和施（Fung and Hsieh，1997）的一項研究比較重要。他們利用夏普（Sharp，1992）建立的多因素基金定價模型對 3327 只開放式共同基金和 409 只對沖基金的收益率進行解釋，結果發現，模型對共同基金有強的解釋力，但卻基本不能解釋對沖基金的收益變化。他們在夏普模型的基礎上，將動量交易策略與傳統資產類別相混合，建立了一個新的多因素模型。這一模型包括 9 個不同金融市場的指數收益率和 3 種動量交易策略基金的平均收益（系統/趨勢跟隨型、系統/投資型和全球/宏觀型）。他們發現綜合這 12 項因素可以解釋大約 85% 的共同基金和 40% 的對沖基金收益率的變化。方和施將投資策略作為基金定價影響因素的思想雖然尚待考證，但他們的工作對於證明投資策略是對沖基金與共同基金收益差異的主要原因這一命題具有重要意義。在方和施以後，布朗和高茲曼（2003）利用 TASS 公司的對沖基金數據庫和轉換迴歸方法，檢驗了 17 種具體投資策略對沖基金在 1989—1999 年間的收益率。這項實證研究的結果表明，不同的投資策略確實導致了對沖基金收益的差異。

## 7.3　國際對沖基金重新洗牌

規模巨大、數量眾多的對沖基金公司在美國和歐洲等發達市場內部已經瀕臨飽和，它們之間競爭激烈。儘管目前一些對沖基金正放棄某些類別的資產，其他一些則把目光投向東方國家的資產，比如越南的房產市場等，但分化依然明顯。在 2006 年至少有 83 家美國對沖基金關閉，其管理的資產共計約 350 億美元。其中，關閉基金中最大的一宗是管理著超過 90 億美元資產的不凋花（Amaranth）基金，它在 2006 年 9 月因巨額能源交易虧損后開始清盤。2007 年由於對次貸危機情勢誤判，向來以回報率豐厚聞名的對沖基金在 2008 年 6 月底又面臨了一波撤資潮。數據顯示，美國 HBK 投資公司旗下基金僅在 2006 年第一季度，投資者就對其撤回 30% 的資本，而另一家對沖基金巨頭法拉倫資本管理旗下的離岸投資者基金 6 月底前也面臨 14 億美元甚至更多的撤資。花旗集團也表示，為支撐資產負債表，不得

不關閉一只與該公司首席執行官潘偉迪共同創建的對沖基金。

業績優異的對沖基金可能比投資於銀行更穩健、更可靠。由於次貸危機的衝擊，全球著名的商業銀行都受到不同程度的影響。它們紛紛公布了動輒數十億美元的資產減計，以至於全球數家大型對沖基金正在審查其與作為機構經紀人銀行之間的協議，以評估自己在這些銀行的資產和現金是否安全。一旦這些銀行的機構經紀業務受到拖累，對沖基金就將資產從這些銀行轉移。就此現象，一家投資諮詢企業的董事甚至表示：「這實在是很荒謬，2007 年 8 月份每個人都在擔心對沖基金崩潰，現在它們卻開始擔心銀行崩潰會將自己拖下水。」

## 7.4　對沖基金遇到共同基金強有力的挑戰

曾幾何時，相對於共同基金，對沖基金一度獨領風騷，然而現在對沖基金卻遭到共同基金強有力的挑戰，這集中體現在目前美元的定價問題上。究竟是強勢美元抑或是弱勢美元更符合美國的利益，在美國一直未有定論。即使是在政府層面，不同部門也是各執一詞。在某種程度上，美國財政部和美聯儲甚至也唱起了對臺戲。美國前財長保爾森曾多次表示強勢美元符合美國利益，而美聯儲前主席伯南克則曾就弱勢美元對出口的正面影響給予肯定。2008 年，形勢發生了某種微妙的變化，美聯儲主席伯南克和美國財長保爾森均做出了提振美元的表態。統計數據也顯示，機構投資者於 2008 年年初以來買入的美元規模超過了賣出的規模，但同期對沖基金等投機力量做空美元的規模卻增加了 36%。種種跡象似乎表明，伴隨著市場看多美元情緒的加重，以共同基金為首的機構投資者與對沖基金之間一場關於美元的多空決戰正在悄然展開。儘管多空決戰的結果也許要很長時間才會出現，但這已經標誌著對沖基金的權威受到了嚴重的質疑。對沖基金的影響之所以今不如昔，主要原因在於四個方面：第一，對沖基金的同質化；第二，對沖基金取代銀行成為企業貸款的主要來源；第三，全球對沖基金已經進入「產業化」階段；第四，對沖基金的評級日益標準化。

當然，一些新興市場的對沖基金仍然保持著極強的創新意識和活力。如在中國，對沖基金一改在美國的經營模式，資金進入中國的途徑既不是通過 QFII 名正言順地進入，也不是以創業投資形式進入，更不是以貿易項目進入，而是另類投資，把經營目標直接對準了房地產、基礎設施等，並且投資的區域還是在經濟並不很發達的中西部。對於傳統的投資對象，對沖基金的操作思路同樣有創新，如

金融大鱷索羅斯下屬的國際投行竟然毫無先兆、毫不遲疑地選中南寧糖業，一口氣「吃下」其 1692.26 萬股，並在成功獲利億元后出局，至今其投機根據、是否違法，人們仍在議論紛紛。

## 7.5    對沖基金的對沖功能弱化

經過幾十年的演變，對沖基金已失去其初始的風險對沖的內涵，而是成為一種承擔高風險、追求高收益的投資模式。它包含著複雜的金融市場操作技巧，充分利用了各種金融衍生產品的槓桿效用。對沖基金的目標往往被稱為「絕對回報策略」，指的是在任何市場條件下都取得絕對積極的收益，而不僅僅是超過一個特定的市場指數，如恒生指數、上證綜合指數等。各個對沖基金之間的投資目標和投資策略並不相同，但其共同點在於，對沖基金都通過更大的分散投資組合來尋求與市場的低相關性，這也是其與傳統投資不同的地方。例如，與共同基金慣常的股票和債券組合相比，對沖基金通常會利用更為複雜和靈活的投資策略。這些投資策略包括：按照新的趨勢在貨幣、商品市場和證券市場中形成買賣信號；利用股票、債券、期權和期貨的相對價格差異來獲得收益；利用企業實際情況與預期目標的差異獲取收益；結合長（短）倉和空倉的投資，在牛市和熊市中尋找機會，等等。對沖基金力求在市場正反兩個方向上都能賺錢。近幾年來為了吸引更多的資金投入，它們甚至喊出了「無論是熊市或牛市都能賺到錢」的口號。數據顯示，截至 2007 年 3 月，全球對沖基金 10 年來的平均年回報率達到了 10.27%，超過了股票市場 6.35% 和政府債券市場 5.16% 的年平均回報率。

然而，從目前看，對沖基金似乎更擅長於從經濟衰退中賺錢。2007 年的美國次貸危機幾乎成為對沖基金的「盛宴」，讓對沖基金經理賺得盆盈鉢滿。2007 年，美國次貸危機給貸款購房者和銀行造成了極大的損失和財務衝擊，華爾街的投資銀行因次貸危機損失了數百億美元，但對沖基金由於事先做空信貸市場而獲得了超額利潤。更有甚者，華爾街有的對沖基金在設計產品時害人，靠對沖自己來大賺其錢，如 Magnetar Capital 基金。

事實上，對沖基金的活動客觀上也將世界經濟置於危險的境地，很容易誘發世界經濟衰退。目前，以對沖基金為首，高達 8 萬億美元的熱錢已經把全球經濟攪動得狂躁不安，撇開對世界大宗商品的投機不談，單單對世界金融市場的衝擊就駭人聽聞。據世界銀行在《2006 全球發展金融報告》中的統計，2005 年流向發展

中國家的私人淨資本流量達到創紀錄的 4910 億美元。如此巨額的流動資本，已嚴重威脅到了這些國家的金融安全。而且，這種危機已經顯現，在 2008 年 5 月全球股市調整過程中，美歐等發達國家的股市僅有 5% 的跌幅，而一些新興市場的跌幅則高達 25%，以至出現在不到 1 個月的時間內，外國資金累計拋售 24 億美元的印度股票、連續 12 天淨賣出韓國股票、連續 9 天淨賣出抬灣地區股票的「壯觀景象」。而這些，無一不是熱錢「惹的禍」。近幾年，當人民幣匯率預期改善、利率高於外幣時，來自世界各地的熱錢千方百計地流入中國套利。摩根大通、瑞銀華寶等國際機構的專家幾乎不約而同地預測，當時進入中國的熱錢高達數千億美元，而一些投資機構更是傾巢出動，把差不多全部的資本都投放到中國市場，「賭徒」本色可謂一覽無余。再向前回顧，泰國在 1997 年前奉行高利率政策，但在外匯管理體制上出現了一些監管漏洞，於是熱錢乘虛而入，在泰銖貶值後，又迅速撤出，使泰國的經濟大廈轟然倒塌，繼而像多米諾骨牌一樣，掀起了一場波及幾乎整個亞洲的金融危機。熱錢撤離后，亞洲各國「哀鴻遍野」，但投機者卻賺個盆滿缽盈。如此看來，熱錢確實多少有些血腥的味道。

## 7.6　對沖基金對物價的影響

從 2005 年開始，對沖基金為尋求高回報和多樣化組合，又把大宗商品當成逐利目標。至 2007 年第一季度，以有色金屬、能源為代表的大宗商品期貨市場，已經聚集了 1000 億美元的商品交易顧問基金、8500 億美元的對沖基金。由於基金的大量參與，全球石油、有色金屬、農產品等大宗商品價格出現了巨幅波動，並對中國國內相關市場帶來了很大影響。國際清算銀行（BIS）當時表示，對沖基金等金融投資機構在初級商品市場出現的頻率增加，已使初級商品的走勢更像其他市場。據統計，2006 年中期，初級商品衍生品的店頭交易量已達到 6.4 兆（萬億）美元，大約是 1998 年的 14 倍多，投機客交易量增加。BIS 舉例稱，自 2004 年底以來，投資能源行業的對沖基金數量已增加兩倍至逾 500 家，它們管理的資產量估計為 600 億美元。與此同時，在全部店頭交易中初級商品的交易比重從 0.5% 提高至 1.7%。2008 年 4 月，英國商品研究局（CRU）首席風險官吉姆·薩斯伍德（Jim Southwood）表示，美元貶值、對於金屬供給短缺的擔憂以及對沖基金的合力是將當時銅價推向歷史高位的重要動力，大致說來，基本面因素對此輪銅價走強的影響占到了 75%，而投資基金尤其是對沖基金的影響則占到了 25%。

石油是對沖基金投機的又一個對象。從 2006 年開始，國際石油市場上對沖基金就開始密謀坐莊，不凋花（Amaranth）在天然氣市場上巨虧 65 億美元之后也禁不住誘惑迅速投入石油期貨市場的投機。2008 年 4 月，太平洋投資管理公司（PIMCO）執行副總裁鮑勃・格里爾（Bob Greer）接受路透社採訪時表示，對沖（避險）基金的活動對油價暴漲至 118 美元上方的紀錄高位起到了一定作用，儘管油價的關鍵推動因素還是長期供給基本面的制約。事實上，原油價格之所以能在這麼短的時間內出現如此驚人的上漲，與其是不可再生資源有著很大的關係。正是出於原油不可替代的堅定預期，國際金融資本才大舉介入原油期貨市場，對沖基金紛紛買入被認為是嚴重低估的原油期貨，致使油價出現更加迅猛的上漲。然而，伴隨著油價的高漲，能源替代的概念開始顯現威力，但沒想到的是，構建能源替代的居然是一向不起眼的農產品。從 2007 年開始，以美國為首的多個國家開始開發燃料乙醇，試圖使用低成本的玉米、小麥等農作物產出的燃料乙醇來對抗高油價。大量工廠在美國迅速建成投產，令農產品轉變成為工業原料，這從相當程度上助推了全球農產品牛市的形成。無孔不入的金融資本自然不會放過炒作「能源替代」概念的天賜良機。2007 年 7 月份，國際大型基金在玉米的多頭持倉創下 30 年來的最高紀錄，此后一段時間，原油價格開始走下坡路，但農產品價格則直線上揚，美國芝加哥交易所白糖（原料是甘蔗）、小麥、玉米等商品的交易價格均創下 10 年新高。「做空工業品，做多農產品」，金融資本再一次尋找到了對沖投機的好場所。

適度的漲價有利於增加供給，但過度的價格上漲必然帶來過度的價格下跌，這對世界農產品市場也好，對能源、資源市場也好，都是不利的。過度的價格上漲催生過度的通貨膨脹，會引發世界經濟動盪；過度的價格下跌會導致企業大批破產，促發世界經濟蕭條。對沖基金的放大作用顯然是有害的。

## 7.7  對沖基金的監管

最近幾年，美國對沖基金年增長速度都在 20% 以上。2007 年第一季度，僅美國對沖基金管理的資產就已超過 1.5 萬億美元。美國共同基金用六七十年才達到的規模，對沖基金僅用了不到十年時間。然而，隨著規模的急速膨脹，對沖基金事端不斷，行業累積的風險又呈現集中爆發的徵兆：一是涉嫌詐欺；二是巨額虧損。對沖基金一向以「打破均衡」為操作理念，慣於在全球金融市場充當呼風喚雨的

超級「造市者」的角色，然而它的種種醜聞和接連不斷的倒閉危機，使它現在更像一個金融市場的超級「肇事者」。然而，針對「肇事者」的種種劣行和愈來愈大的風險，如何將對沖基金納入監管程序成為 SEC 面臨的一項重大考驗。美國對對沖基金的監管屬間接監管模式，表面上秉承的理念是市場紀律原則，但實際上卻難免受既得利益者的影響：首先，是富人利益；其次，是華爾街投行利益；再次，是金融市場宏觀利益；最後，是國家利益。對沖基金影響的擴大，伴隨著對沖基金資金來源的改變，通過加強監管來促進自身的進一步壯大已經是標準化、產業化對沖基金發展的內在要求。量子對沖基金創始人、著名金融家索羅斯 2007 年年初就表示，當前對沖基金以及私募股權基金行業所採用的過高槓桿率，可能帶來巨大風險，而且對沖基金行業「正當其時」，由此而來的過於激烈的競爭也使得該行業目前的回報不可能超過他發起量子基金時期的表現。高風險、低回報對對沖基金的發展是致命的，如果監管能夠帶來行業風險的降低，帶來更多的資金來源，帶來更穩定的收益，對沖基金將會發展得更好。2008 年 4 月 15 日，美國財政部對外公布了對沖基金「最佳行為準則」草案，草案要求提升對沖基金透明度、強化風險管理，確保金融市場穩定。根據該草案，美國財政部希望對沖基金加強信息披露，尤其要求經理人效法上市公司，加強對一些難以估值的資產進行披露，向投資者公布業績。負責該草案擬定的諮詢委員會在財政部發布的建議摘要中表示，對沖基金以及其他業界「有必要」增進相互評估並落實具體措施，改善管理並降低風險。報告中的相關措施也符合降低系統風險的目的。

　　需要說明的是，如果說「次貸危機」以前加強對對沖基金的監管會遭到對沖基金本身，特別是美英等國政府的反對的話，那麼，「次貸危機」發生後在對沖基金自身利益的驅動下，已經出抬的針對對沖基金的一些監管措施，仍然是偏向於為對沖基金服務的。

## ▬ 7.8　各國（地區）現狀

### 7.8.1　美國

　　研究公司對沖基金研究（HFR）數據顯示，2013 年股票型對沖基金扣除費用後的平均回報率為 14%，而同期基準股票指數包括分紅在內的漲幅卻高達 32%。儘管連續 5 年跑輸標普 500 指數，基金行業卻頗有中興之意。在美國，2014 年將

有多家由此前知名基金經理掌舵的新基金粉墨登場，規模少則 5 億美元，多則高達到 20 億美元。這其中就有寶帕（Baupost）的何伯威・格爾（Herb Wagner）、高野（Highfields）的馬思維・塞得（Matthew Sidman）和維基（Viking）的杰姆・保爾森（Jim Parsons）。

在能持續獲得超平均收益率的基金少之又少，而其中包括愛普羅莎（Appaloosa）和維基（Viking）在內的翹楚對沖基金又不再接受新的投資者或者不需要更多投資資金的情況下，投資者認為那些看起來前途光明的新基金將有超強的吸金能力。美國銀行美林新興市場經理項目負責人奧米德・馬里克（Omeed Malik）向華爾街日報表達了其看法：「對於那些追蹤這些明星基金經理長達數年的投資者來說，新基金對他們來說是一種機會。」

新基金無疑會面臨殘酷的市場考驗：HFR 的數據顯示，2013 年前三季度包括知名資產管理公司運作的基金達 816 個，其中的 608 個已經被清算了。不過，在美國股市延續了五年的漲勢之後，一些投資者正在考慮將資金投在那些旨在能從各種市場環境中全身而退的基金上。國際市場波濤洶湧的一月，相較於美股市場的頹勢，對沖基金曬出了他們 18 個月多以來的最好成績。對於搖擺不定的投資者情緒，押註了 135 億美元客戶資金在對沖基金身上的米思盧（Mesirow）公司總裁湯姆・馬思納（Tom Macina）認為，這對對沖基金來說並不是一件壞事。

華爾街日報總結了部分明星基金經理資歷門戶的情況：

杰姆保爾森曾是維基頂級的基金經理。2014 年 1 月 1 號，他在紐約推出了規模約 5 億美元的蔣圖（Junto）基金。蔣圖每個季度只允許投資者贖回八分之一的投資款。對於一只股票型對沖基金來說，該條款實屬苛刻。

資產規模達數十億美元的自夫兄弟（Ziff Brothers）前基金經理尹利奧（Yen Liow）也為他新設立的國際股票投資型對沖基金阿拉吾全球（Aravt Global）募集了超過 10 億美元的資金。而 Ziff Brothers 旗下的對沖基金卻正在清算。據熟悉 Aravt Global 基金的人士透露，該基金於 2014 年 3 月開始在紐約市場交易。

在 2012 年離開寶帕之前，威格爾一直是該基金的聯席管理人。現在他自己創設的基金已經成為 2014 年發行的規模最大的基金之一。知情人士透露，他設立於美國波士頓、規模達 20 億美元的優點基金於 2014 年 5 月發行，Wagner 本人也認購了一大部分份額。該基金投資於被認為是低估的股票，債券和其他資產，故投資者的資金將被鎖定長達數年。

積極的企業融資環境還吸引了曾擔任所管理達 35 億美元的對沖基金公司布拉

曼（Brahman）的董事總經理帕里托什·古塔（Paritosh Gupta）。本月他將推出他自己的、專注於投資那些會被合併、收購以及可以引導管理層變革的公司的基金。

Gupta 對華爾街日報說，「這是一次信仰上的大躍進，但是我相信自己」。現年35 歲的他，在今年 1 月份設立了股票型對沖基金艾迪（Adi），其中有 1 億~1.2 億美元的投資來源於芝加哥的極光（Aurora）。而他妻子尼爾·喬拉（Nehal Chopra）也在 2009 年用老虎基金所投的錢成立了規模達 5.65 億美元的對沖基金老虎·拉坦（Tiger Ratan）。

我們可以通過美國耶魯大學的捐贈基金——一家典型的基金中的基金（FOF），也是對沖基金，來側面瞭解美國的對沖基金：

### 7.8.1.1　PE、房產、對沖基金三叉戟

大衛·史文森是耶魯大學的財神爺，耶魯每年 40% 的營運經費來源於他所執掌的耶魯大學捐贈基金。在他擔任耶魯大學首席投資官的 26 年間，史文森主導的「耶魯模式」投資組合，使得耶魯捐贈基金規模從 26 億美元上升到了 194 億美元。這為史文森贏得了巨大的聲響，使他成為機構投資的教父級人物。

2009 年 2 月，奧巴馬任命史文森為美國經濟復甦顧問委員會委員，使其成為美國智囊團一員。前摩根史丹利投資管理公司董事長巴頓·畢格斯說：「世界上只有兩位真正偉大的投資者，他們是史文森和巴菲特。」

### 7.8.1.2　多方面涉獵的耶魯投資組合

全球私募股權投資基金（PE）行業權威研究機構 PEI（Private Equity International）近日發布「2001-2011 十年總結報告」，甄選出 100 位對全球 PE 業有歷史意義的人物，列為影響力百人榜。其中，第 1 位是前美聯儲主席艾倫·格林斯潘；位列第 2 的就是耶魯大學基金首席投資官大衛·史文森。

史文森之所以位列過去十年全球 PE 歷史人物，是因為在領導耶魯大學捐贈基金會 26 年來，他的多元化投資策略得到廣泛認同，他使耶魯超越了簡單的股票和債券投資組合模式，取而代之的是 PE、房地產投資和對沖基金組合模式。PE 成為了「耶魯模式」投資組合的核心，並得到了許多基金的效仿。

史文森不光玩私募，同時也涉獵木材、石油這樣的自然資源。通過多元化的投資組合，耶魯大學捐贈基金過去二十年取得了 14.2% 的年均收益率，而同期美國捐贈基金的平均收益率僅為 9.4%。而近十年，耶魯大學的年均收益率為10.1%，同期美國股票市場的年均收益率為 3.9%，而債券市場收益率為 5.1%。

### 7.8.1.3　投資組合的作用最大

傳統捐贈基金一般保守地投資於美國股票和債券，不同的捐贈基金，所不同

的可能是這個投資組合的比例有所變化，有的股票占比多一點，有的債券多一點。

　　史文森認為這樣的保守投資組合註定表現平平，收穫比市場平均值更低的利潤。他認為投資收益最終來自於三個方面：資產組合、市場時機、選擇個股。其中投資組合的作用最大。投資者需要用核心資產建立多樣化的投資組合。

　　我們從耶魯大學 2012 年的投資組合中可以看到，外國股票、本國股票、債券和現金僅占到了投資組合的 20%。而私募股權占比達到了 34%，房地產投資占比20%、對沖基金占比 17%、自然資源占比 9%。而 2010—2011 財年，耶魯大學捐贈基金獲得了 21.9% 的投資收益，盈利高達 36 億美元。具體投資組合分項中，外國股票盈利 41%，房地產和自然資源盈利 16.5%，美國股票盈利 24.5%，對沖基金盈利 12.7%，而占投資組合比例最重的私募股權盈利 30.3%。

　　史文森認為嚴格從金融角度來看，多元化能夠提高投資組合的特性，因為它能使投資者在特定的風險水平上獲得更高收益（或在特定的收益水平上經受更低的風險）。

#### 7.8.1.4　購買流動性差的資產

　　耶魯大學投資組合裡配置了私募股權、房地產投資、自然資源這樣流動性差的資產類別，占比高達 60%。史文森的投資理念是捐贈基金擁有寬裕時間，因為其債務（為新修建築、教工薪資之類支付）延伸至未來發生。因此，對流動性較差的資產類別，它們擁有投資條件。這類資產可能回報甚豐，原因只是其他投資者，例如共同基金，既不願意也無能力來處理非流動性。

　　長期持有這些流動性差的資產給耶魯大學帶來了巨額回報，史文森特別強調長期投資（即價值投資的理念），價值的發現和迴歸是長期的過程，而短線的操作無法分享這一過程，而且需要支付昂貴的佣金和交易費用。

#### 7.8.1.5　如何挑選基金經理

　　手握過百億美元的史文森，需要把錢分配給過百位基金經理人，其中包括十幾只對沖基金。所以耶魯大學捐贈基金的良好表現，相當程度上歸功於其挑選的大批基金人才。史文森本人坦陳，他對任何有才能的人都感興趣。他喜歡有激情的人，對自己從事的行業狂熱的人。例如，史文森偏愛那些把自己的錢大量投入到自己管理的基金中的經理人。

　　史文森還強調基金管理的透明度。史文森曾經接洽過艾德·蘭普（Eddie Lamper），一位非常成功的投資者和耶魯畢業生。然而由於 Eddie Lamper 拒絕透露其投資組合中的一些問題，兩人不歡而散。

耶魯大學的名聲給史文森挑選一流的人才提供了便利。耶魯大學有大批忠誠的校友，史文森在華爾街不會缺乏願意出力的耶魯優秀畢業生。同時，史文森在金融界的影響力也有助於他在談判桌上獲得其他投資者無法取得的優越條款。

### 7.8.1.6 「正」的投資原則

耶魯投資模式的一個顯著成就就是構建了一套完整的機構投資流程和不受市場情緒左右的嚴謹的投資原則，包括投資目的的設定、資金的進出、資產負債的配比、資產類別的劃分及配置、投資品種和投資工具的選擇、風險控製、基金經理的選擇等。

史文森所強調的基本概念是：追求風險調整后的長期、可持續的投資回報；投資收益由資產配置驅動；嚴格的資產再平衡策略和避免擇時操作。恪守這樣的投資準則可以使投資者在瞬息萬變、充滿機會和陷阱的資本市場中，克服恐懼和貪婪，抓住投資的本質，獲得合理的回報。

### 7.8.1.7 投資不走尋常路

不走尋常路，或者說獨立思考，對投資成功特別是投資決策至關重要，其反面必然是循規蹈矩和官僚作風。例如尋找投資經理時，所謂標準的做法可能將幾乎所有有獨到見解的候選者都排除在外。官僚作風嚴重的機構要求候選人填寫複雜的應聘表，提供大量的詳細信息。也許這一申請過程本身就已經讓有潛質的候選者望而卻步。應聘表中，通常最低標準包括歷史業績、管理資產規模、工作年限等。這樣的層層篩選得到的只能是那些循規蹈矩、缺乏想像力以致於最終無功無過的投資經理。雖然官僚式投資的收益少得可憐，但基金經理的飯碗卻端得很穩，因為每一個投資決策都有一大堆文件提供「支持」。官僚作風嚴重的機構缺乏想像力和勇氣去走不尋常的路，而敢不敢走不尋常的路卻是一個投資項目取得成功的關鍵。

以耶魯大學投資團隊為例，過去二十年中這支團隊創造了驚人收益，而其實每一次重要的創新性投資，無論是絕對收益、房地產、森林、石油與天然氣，還是槓桿收購、風險投資、國際私人股權投資、國內與國外股票市場積極投資等，這些嘗試過程中並不是所有基金經理都能夠一炮打響，但他們還是得到了耶魯投資團隊的力挺，也終於成就了耶魯的成功。超常規的投資行為對投資的成功是必要的，雖然也可能遭遇失敗，但鼓勵探索卻是投資成功的必要前提。

耶魯大學捐贈基金 2010—2011 年年報顯示，2012 年其投資組合配比如下：

①私募股權投資 34%；

②房地產投資 20％；

③對沖基金 17％；

④自然資源 9％；

⑤外國股票 9％；

⑥本國股票 7％；

⑦債券和現金 4％。

### 7.8.1.8　美國的大學捐贈基金

美國大學的捐贈基金由校友、公司、非營利組織等捐贈形成，投資組合形式多變，廣泛涉及股票、債券、房地產、私募股權等領域，其投資收益是美國大學尤其是私立大學營運經費的主要來源之一。哈佛捐贈基金公布的上一財年的投資收益率為 21.4％，10 年平均收益為 9.4％，表現遜於耶魯大學捐贈基金。各校公布數據顯示，截至 2011 年 6 月 30 日，哈佛大學捐贈基金規模為 320 億美元，為全球最大、全美第一的捐贈基金，耶魯大學捐贈基金以 194 億美元的規模排名全美第二。

2011—2012 財年，耶魯大學捐贈基金將支出 9.92 億美元給耶魯大學，占到了耶魯大學年度預算的 37％，2009 年這一比例曾達到 45％。

## 7.8.2　日本

日本 2000 年通過立法允許對沖基金在日本正式開展業務，其后 5 年的時間裡，日本市場上的對沖基金規模迅速膨脹了 10 倍。除了部分富裕階層之外，大量的養老金、保險公司也都成為對沖基金的投資者。最大的兩類投資者，一是追求分散化、低風險的金融機構、養老金，二是追求高收益的富裕個人，因而分散化、低風險的對沖基金組合基金和高風險高收益的宏觀型基金構成了最主要的兩種策略，一直占據著日本對沖基金一半以上的份額。目前日本對於對沖基金的立法尚屬空白，為了保護投資者，特別是養老金的利益，監管當局正在建立對沖基金的監管機制。日本在對沖基金的法律定位、監管原則和監管模式方面的選擇，可以為中國未來的對沖基金監管機制設計提供借鑒。

日本金融監管部門對對沖基金解禁之后的 2000 年，日本就出現了 81 只對沖基金，此后的 5 年間增長速度十分驚人，基金數量增長了 9 倍，資產規模增長了約 10 倍。截至 2004 年年末，在日本已經累計發行了 735 只對沖基金，資產規模達到了 25,000 億日元（約合 250 億美元），對沖基金已經成為日本金融市場中不容忽視的角色，如果再考慮到高達幾十倍的資金槓桿，其對市場的影響更是舉足輕重。

### 7.8.2.1 個人投資額增速最快

日本投資者的巨大需求是推動日本對沖基金迅速增長的根本原因之一，泡沫破滅之後的日本股票市場一直處於低迷狀態，居民的金融資產和大量的養老金都集中投資於低風險的債券基金或者債券市場，國內共同基金市場形成了債券型基金為主的格局。但是日本人口的加速老齡化要求養老基金必須獲得相對高的收益才能彌補不斷擴大的赤字，債券基金的低收益率難以滿足這一要求。而且對於債券基金而言，一旦利率上升將會面臨巨大風險，而日本已持續多年的零利率政策不可能長期維持，這兩大缺陷意味著當前集中於日本國內股票和債券的資產需要進行重新配置，對海外的資產管理產品和服務產生了巨大的需求，這其中也包括對沖基金。

在日本投資者持有的對沖基金資產中，金融機構、信託投資帳戶和個人占據了大部分，而大部分養老金和個人都是通過委託金融機構和投資信託，或購買相關理財產品實現對對沖基金的間接投資。個人和養老金對對沖基金的偏好反應為這兩類帳戶投資規模的不斷增大，還有一部分個人和養老金直接投資於對沖基金。

目前日本直接投資對沖基金的個人投資者大多屬於高資產淨值客戶，而且投資經驗相對豐富，將資產中很低比例（通常低於3%）的資金投資於對沖基金以追求高額回報，並願意承擔相應的高風險，因而他們十分青睞高風險的宏觀型基金。由於不受外部約束，這類投資者會積極嘗試不同策略的對沖基金，促進了投資策略的多元化和創新。

養老金與個人投資者相比處於另一個極端。由於目前日本法律存在投資方向的限制，而且對風險心存顧慮，大部分的養老金只投資了很低比例的資金，而且集中於低風險、分散化的對沖基金組合基金、股票市場中性基金、固定收益對沖基金。養老金傾向於制定保守的投資策略，盡量避免那些可能被認為是冒進或輕舉妄動的投資操作，對新興的對沖基金一般敬而遠之。因為作為管理者，並不能從成功的對沖基金投資計劃中獲得利益，但是一旦投資失敗，他們將會面臨法庭訴訟等嚴重后果。

對日本的保險公司而言，投資對沖基金是分散投資風險的一種手段。投入對沖基金的資金，雖然相比於股票等要少，但也可以提高組合收益水平，降低投資組合與宏觀經濟的相關性。但是對沖基金對保險公司的吸引力還是十分有限，因為法律嚴格限制了保險公司投資風險資產的比例，而且保險公司未來的支付相對固定，他們更加傾向於投資固定收益產品，因而保險公司在對沖基金上的投資增

長不太明顯。

　　對於日本的企業而言，由於日本國內缺少投資機會，因此企業存在大量的多余資金，其中就有相當一部分用於投資對沖基金，以增加企業的收入。這一部分的投資將會隨著對沖基金接受程度的提高而不斷增長。

### 7.8.2.2　分散化低風險和高風險兩種投資策略占一半以上份額

　　從對沖基金運作的市場機制看，投資者的構成是決定對沖基金投資策略構成的主要因素。由於投資者中最大的兩個部分，一是追求分散化、低風險的金融機構、養老金，二是追求高收益的富裕個人，因而分散化、低風險的對沖基金組合基金和高風險高收益的宏觀型基金構成了最主要的兩種策略，一直占據著日本對沖基金一半以上的份額，風險相對較低的市場中性型基金的份額也比較高，一度達到了30%以上。

### 7.8.2.3　離岸操作規避國內高稅收

　　目前由於日本尚未對對沖基金進行專門的立法，許可程序等都不是十分透明和清晰，而且日本國內對投資基金收益收取的稅率較高，因而在日本銷售的對沖基金中，61%都註冊在開曼群島、維爾京群島、盧森堡等「避稅天堂」，通過離岸開展業務的方式來規避稅收和監管。而且由於日本相關法規對於私募發行的基金規定較少，92%的對沖基金都是採用私募形式籌集資金。

### 7.8.2.4　銷售主要通過本土證券公司

　　對沖基金在日本主要是通過本國的證券公司、外國的證券公司、本國的銀行和保險公司進行銷售，其中最主要銷售渠道是本國和外國的證券公司，占到85%以上，這是由於對沖基金與共同基金不同，需要面對的投資者往往都具有豐富的投資經驗和較強的風險承受能力，對於銷售人員的專業素質也提出了很高的要求，因而證券公司的專業優勢帶來的渠道優勢相當明顯。

　　在日本，通過外國證券公司銷售的對沖基金基本上都是由其國外的母公司設立，對對沖基金的情況比較瞭解，但是品種比較單一。日本本國的證券公司銷售的對沖基金種類複雜，不僅包括本集團內的基金，還包括其他公司的基金。在具體基金的挑選上，證券公司投入了很大精力，設立專門部門負責挑選，有些日本證券公司甚至在海外設立對沖基金研究部，獲取海外對沖基金的信息。

　　日本的金融監管機構對日本對沖基金的銷售渠道相關公司的訪談結果顯示，這些公司在制定對沖基金的銷售政策時，並沒有明文規定對客戶進行區分，例如根據客戶的資產規模和投資經驗進行分類，把對沖基金和其他投資產品分開，只

向風險承受能力強的客戶進行銷售等。但是在實際的銷售過程中，這些公司都基本上遵守了投資信託公司的適宜性（Suitability）原則，根據客戶的風險承受能力進行區別對待。事實上，銷售者並不把對沖基金視為風險最高的基金，而往往將其視為是中等收益、低風險的投資產品，因為根據歷史數據，日本對沖基金收益率的波動率要顯著低於同期 Topix（東京證券交易所指數）的波動率。

### 7.8.2.5 投資者機構化，組合基金主流化

目前，日本以養老基金為代表的機構投資者擴大了對對沖基金的投資規模，逐步成為日本對沖基金投資者的主體。在 2000 年之前，對沖基金一直都是日本富裕階層的專有投資工具，高資產淨值客戶、家族基金會是絕對主流投資者，而那些養老金計劃還很少涉足對沖基金。但是網絡股泡沫的破滅和隨后的大熊市，使得這些養老金投資計劃出現了較大範圍的投資虧損，這就迫使他們調整原有的投資策略，開始對對沖基金進行系統性研究，並進行試探性投資，將原來投資於固定收益證券的一部分資金轉移到對沖基金產品的投資上。而且嘗試修改投資策略，尋求促進監管法律的修訂，將對沖基金列為其可投資的對象。特別是那些固定收益型養老金計劃，它們由於未來固定收益水平的約束，對投資收益要求最高，因而對對沖基金的投資增長也是最為迅速的。

正是根據海外養老金投資對沖基金的趨勢，以及在市場競爭壓力的推動下，日本國內的養老金在對沖基金進入日本市場的初期，就果斷進行投資，並且近幾年來穩步擴大投資規模，與個人投資者一同成為推動對沖基金成長的主要力量。而且日益嚴重的養老金支付危機，也迫切需要提高現有養老金的投資收益水平，因而養老金投資方向的擴大是必然趨勢。可以預計，在未來日本的對沖基金投資增長中，來自養老金投資的增長空間巨大。

投資者機構化趨勢將會對對沖基金策略的構成產生重大的影響，使其朝著低風險、分散化的方向發展。組合基金由於這方面的優勢正日益成為日本對沖基金市場的主流品種之一。

日本的對沖基金組合基金將資金投資於不同策略的對沖基金之中，在對沖基金的基礎之上實現更大程度的分散化。組合基金通常設立研究部，負責對所有備選的對沖基金進行篩選，而且管理者注重從多種渠道、包括一些非正式渠道瞭解對沖基金的基金經理，所以投資決策失誤的概率相對較小。

因此，一方面，組合基金由於自身的分散性、低風險、追求絕對收益等特點與機構投資者的投資需求相吻合，因而受到他們的青睞。相當多的機構投資者利

用對沖基金實現現有投資組合的進一步分散，降低宏觀經濟週期等系統性風險的影響；另一方面，目前很多機構投資者對對沖基金的投資都屬於試探性的，只將很低比例的資金投入其中，並不會投入大量資源用於對沖基金的研究、選擇、投資和監督，而組合基金事實上變成機構投資者的諮詢顧問，提供總體諮詢、基金經理選擇、戰略和戰術資產配置指導，以及風險監督等服務，降低了投資成本。

日本對沖基金在發展初期就已經形成了以組合基金為主的投資策略結構，而且受機構投資者的影響，現有的投資策略集中於低風險品種，股票市場中性、固定收益對沖等博取無風險套利機會的策略佔有了相當的市場份額，而目前在歐美頗受歡迎的事件驅動型、廉價證券型等風險較高的對沖基金在日本發展較為緩慢。

與此同時，目前日本對沖基金產業結構還處於起步階段，其運作模式與國際上的成熟模式相比還存在一定差距，產業專業化程度還有待進一步提高。歐美等國的對沖基金運作結構中普遍存在著主經紀商，專門負責處理證券買賣事務，例如借出股票、提供股票抵押貸款、保管對沖基金資產等，通過類似這樣的專業化公司，提高產業的專業分工水平，實現資產管理人和投資人分離，使得對沖基金管理人能夠專注於投資活動，同時也降低對沖基金運作的風險。在日本對沖基金的運作環節中，尚未分離出專門從事對沖基金服務業務的主經紀商，也未實現基金資產的獨立託管，只有少量的基金利用信託銀行作為資產託管人，能夠提供保管股票、借出股票等綜合服務的證券公司還很少。

### 7.8.2.6　監管現狀

日本對對沖基金管制的放開源自於 1997 年開始的以自由、公平、全球化為目標的全面金融體制改革，即日本版的「Big Bang」。在日本資產管理領域的改革旨在充分利用國內龐大的居民財富，實現有效的資產管理，加強資本對於經濟發展的支持作用和提高資本的使用效率。具體的改革措施體現在對《證券投資信託法》的修改，允許設立公司型投資信託和私募投資信託、促進產品創新、擴大投資信託公司經營業務、促進投資信託銷售、規定銷售機構誠信義務、加強和改進信息披露等。也正是在此時，對沖基金得益於監管的放開，能夠進入日本市場，但是對沖基金只是被當作是集合投資計劃（Collective Investment Scheme）的一種，目前尚不存在對於對沖基金的專門立法，對對沖基金的設立、發行、投資運作、信息披露、槓桿運用和賣空的具體規定散見於證券交易法、投資信託和投資公司法、投資顧問法以及投資信託協會制訂的投資信託管理規定。

根據對上述法規的分析，私募發行的對沖基金能夠規避絕大部分的監管法規。

實際情況是，目前日本市場上的對沖基金中 92% 都是私募型基金，這意味著將近 230 億美元的資金可以不受日本監管當局的監督而自由流動，而且未來這一數字還將擴大。尤其重要的是，對沖基金的投資者中，養老金所占比重將會越來越大，而養老金的投資收益關係到眾多日本民眾晚年的生活質量，有的已經出現了大量的赤字和虧損，如果投資對沖基金再遭受利益損失，無疑是雪上加霜。

目前日本的金融監管當局意識到十分有必要通過監管措施加強對投資者利益的保護。另外，日本的金融監管機構也擔心，對沖基金的快速成長，同時缺少充分監管的環境容易滋生內幕交易、操縱價格、詐欺以及洗錢等違規行為，影響金融市場正常運作。正是基於以上考慮，日本監管當局才主要從保護投資者利益和保證金融市場的完整性的角度出發，來決定如何對對沖基金採取進一步的監管措施。

### 7.8.3 新加坡

新加坡的對沖基金行業在 2001 年時還未曾開始建立，可八九年以后新加坡就成為了亞洲最大的對沖基金區域，超過香港。2009 年新加坡對沖基金行業已經有 400 億美金的資金管理，與此同時，香港差不多是 530 億美金。2008 年金融危機之后很多市場已經停頓下來，危機之后市場慢慢地回穩，對沖基金也在快速增長。

為什麼現在新加坡成為一個對沖基金中心，它怎麼達到現有成果？其中原因包括以下幾點：

（1）管理權。

管理資金方面政府的基金很重要。新加坡管理當局給人的感覺和印象一向都是可靠的。

（2）金融中心地位

新加坡一直以來都是一個金融中心。不管是銀行、證券、融資還是后來對沖基金都扮演著重要的角色。

新加坡金融管理局保持一個很寬松的態度，希望多些國際的投資者、國際金融機構到新加坡來設立投資基金。要吸引這些優秀人才過來，還必須具備一些其他的條件，很多的基金經理家眷還年輕，小孩還要上學。所以對他們來說國際學校、舒適的生活是很重要的吸引點。

現在新加坡可以吸引到很多歐美公司在新加坡設立對沖基金。為什麼？其中很重要的一點原因是新加坡的稅收政策。公司所得稅只是 17%，個人所得稅是

20%，而有些歐美地區高於 40%，甚至高於 50%。這是新加坡優勢的地方。

### 7.8.4　澳大利亞

澳洲的基金市場擁有環球最高的人均投資額度，基金行業總量為亞太地區第四大。最新數據顯示澳洲基金的總值為 1700 萬億澳元，複合年增長率為 11.9%。基金的總值遠遠超出澳洲股票市場的總市值（1403 萬億澳元），同時也是名義國內生產總值 GDP 的 1.35 倍。

因澳洲強制性養老金計劃而快速發展的養老金基金是這個行業的主要驅動力。該基金立法規定：每個雇主投入雇員 9% 的工資到政府承認的養老基金，雇員也可以加大投入的資金從而得到稅務優惠。這個「9%」的規定將會在 2019—2020 年間逐步上升為 12%，這一新要求預計將會增加 500 萬億澳元的養老基金。

強而穩定的澳洲經濟、世界級別的法規環境和多技能的勞動力更加鞏固了澳洲基金市場；同時，精致的市場和高額度的投資資金給予基金市場很大的潛在發展空間。這也吸引了很多海外優質的基金管理公司，從而進一步推進了基金產品的全面發展，營造了更多的就業機會。

澳洲基金市場主要分為 2 大基金類別，即管理基金和對沖基金。

澳洲管理基金行業是全球基金行業裡最發達的，也是亞洲最大的。澳洲強制性養老金計劃推動了澳洲基金行業的發展。2012 年 6 月的數據顯示，澳洲管理基金市場的總投資已達到 1886 萬億澳元，管理基金機構的合併資產為 1500 萬億澳元。

澳洲管理基金，從單行業管理基金到多行業管理基金，都給予投資者多元化的投資選擇，包括：現金、房地產、澳洲固定利率證券、海外和澳洲本地股票，等等。

澳洲對沖基金行業在過去五年內也在快速發展，投資總值高達 32.6 萬億澳元，成為亞太地區第二大對沖基金行業，其控製的資產多於日本和新加坡對沖基金的總和。

### 7.8.5　中國香港地區

香港基金業伴隨香港證券市場的發展而不斷發展。如今，香港已成為亞洲區重要的資產管理中心之一，尤其是香港對沖基金規模穩步發展，成為了證券市場重要力量。

　　香港對沖基金公司及管理規模穩步增長。截至 2010 年 9 月 30 日，香港證監會監管的持牌對沖基金公司 307 家，持牌個人 2584 名，與 4 年前相比，分別增長約 60% 和 50%。香港證監會監管的持牌對沖基金公司在香港管理的對沖基金總數達到 538 只，相當於 2004 年的 5 倍。對沖基金公司管理的資產總值已由 2004 年的 91 億美元，增至 2010 年的 632 億美元。

　　超過半數的對沖基金公司在香港管理的資產少於 1 億美元。與 2009 年相比，管理資產規模介於 1 億~5 億美元之間的基金公司數有所上升。按管理資產值計算，前 50 家對沖基金公司管理的資產占總值比重約 78%；前 10 家基金公司中，2 家負責管理基金中的基金。

　　香港對沖基金主要採取以投資亞太區為主的股票多空策略及多元策略，並以海外機構投資者占大多數。股票多空策略及多元策略仍然是最普遍的投資策略。多元策略中，最常用的有股票多空策略、事件主導及可換股債券套利策略。

　　對沖基金主要投資於股票、主權債券及信貸投資工具，以及可換股債券等資產類別。由於香港對沖基金經理主要採取股票多空策略，因此管理資產類別中，股票投資占最多，當中多倉持倉額相當於香港對沖基金管理資產總值的 62.7%，空倉持倉額為 33.2%。

　　香港對沖基金的投資者主要是來自美國及歐洲，共占香港對沖基金管理資產總值逾 60%，基金中的基金是對沖基金最主要的投資者。

### 7.8.6　中國

　　中國的資產管理業和資本市場在規模和複雜性方面都在普遍持續的增長，根據上海咨奔商務諮詢有限公司（Z-Ben Advisors）的報告，2010 年中國的基金管理業增長了 40%，管理資產達 3920 億美元。但是，儘管中國的投資者對從像對沖基金這樣的投資產品中獲得穩定的回報有很強的需求，但由於政策和市場的種種限制，對沖基金目前在中國起到的作用還非常的有限。

#### 7.8.6.1　中國的對沖基金

　　「對沖基金」這一在西方被人熟知的術語，泛指具有一些相同特徵的私募基金：不管投資市場波動起伏而追求絕對回報，廣泛採用包括賣空和槓桿等在內的多種投資策略以及定期收取管理費和績效費。

　　根據這一標準，中國的對沖基金在 2010 年以前並不存在。一直到 2010 年年初國務院同意推出股指期貨，允許賣空及開展融資融券業務試點之后才使對沖基金

和對沖基金產品在中國得以啓動。

　　在此之前，中國有一些基金經理管理著他們稱作「對沖基金」或者使用對沖基金策略的投資產品，包括一些大型資產公司提供的結構性產品，「陽光私募基金」以及那些由幾個金融執業人員管理的小型基金。這些產品或基金與對沖基金也許會有一些相似的特徵，但它們實際上並非對沖基金。在這些產品或基金中，值得指出的是大約 100 只的陽光私募基金，因為陽光私募基金在某種程度下可以被認為是中國對沖基金的雛形。

　　陽光私募基金通常由信託公司發行，在監管部門註冊並由第三方銀行進行託管。陽光私募基金被用來私下向少數特定的投資者籌集資金。籌集到的資金會被用來投資到二級市場，得到的相應利潤按比例分成，基金經理可以收取管理費和績效費。鑒於陽光私募基金的最低投資額通常高於 100 萬元人民幣並且資金流動性也不高，所以這些基金主要是針對高端投資者的。陽光私募基金與其他未受監管的私募基金的區別在於陽光私募基金較規範和透明，它們由信託公司發行，因此可以保證投資者資金的安全。

　　與對沖基金相似，陽光私募基金追求絕對的回報。而與共同基金對比，陽光私募基金在投資策略和投資組合持股方面的限制比較少，並且在投資方面更加靈活。當共同基金在 2008 年熊市遭受巨大損失的時候，一些陽光私募基金仍然可以收益，顯示出了更強的為投資者「對沖」風險的能力。

### 7.8.6.2　中國對沖基金業的成長

　　對沖基金往往採用一系列的投資策略和技巧以達到絕對收益，其中最常用的就包括賣空。不允許賣空金融工具一直以來都是影響中國對沖基金業正常發展的最大單一障礙。2010 年年初中國證券監督管理委員會（以下簡稱證監會）的一系列法規為對沖基金和對沖基金策略在中國發展打開了大門。

　　證監會頒布的《關於建立股指期貨投資者適當性制度的規定（試行）》於 2010 年 2 月 8 日生效，為配合該規定的實施，中國金融期貨交易所同時發布了《股指期貨投資者適當性制度實施辦法（試行）》和《股指期貨投資者適當性制度操作指引（試行）》。證監會又先后於 2010 年 4 月 21 日和 2011 年 5 月 4 日頒布生效了《證券公司參與股指期貨交易指引》、《證券投資基金參與股指期貨交易指引》以及《合格境外機構投資者參與股指期貨交易指引》。第一只股指期貨是基於滬深 300 指數期貨，即在約定的日期按照預先設定值買進或賣出股指的期貨合約。滬深 300 指數是意在模擬上海證券交易所（以下簡稱上交所）和深圳證券交易所（以

下簡稱深交所）上市交易的 300 只股票的表現的市值加權的股價指數。

2010 年 1 月 22 日，證監會頒布了《關於開展證券公司融資融券業務試點工作的指導意見》，2010 年 3 月 31 日融資融券業務試點正式開始。最初 6 家證券公司被批准作為第一批試點公司參與融資融券業務，包括中信證券公司，國泰君安證券公司，海通證券公司，國信證券公司，光大證券公司以及廣發證券公司。在 2010 年 6 月初，證監會降低了參與試點業務的公司的門檻，使參加試點工作的證券公司達到 25 家。根據去年 6 月的規定，淨資本達 30 億人民幣並且被監管部門評為 B 類的證券公司即可申請參與試點計劃。之前的參與者均被要求淨資本達 50 億人民幣並且被監管部門評為 A 類。

目前，股指期貨市場的主要參與成員包括合格的個人投資者和金融機構，如資產管理公司、證券公司、保險公司以及合格的境外機構投資者（QFII）。中國政府目前的首要任務是風險防範，因此證監會對股指期貨的投資者設定了嚴格的要求。參與者必須通過一個特定的考試，其教育背景、信用歷史、月工資以及流動資產均需達到很嚴格的標準。同時，他們必須存至少 50 萬人民幣開一個交易帳戶，並證明在過去的三年中，他們已經完成了至少 20 個股指期貨模擬交易或執行了至少 10 次商品期貨的交易。

自從股指期貨及融資融券業務試點開始以來，包括國投瑞銀基金管理公司和易方達基金管理公司在內的許多證券公司和資產管理公司都已經開始營運對沖基金策略。今年 3 月，國泰君安證券公司發行了使用股指期貨多空策略的君享量化基金，準備籌集 5 億元人民幣，目標年回報率為 10%～15%。君享量化被稱為是中國第一只對沖基金，而易方達基金管理公司也緊隨其后發行了一只通過私募融資的對沖基金。

與證券公司和其他資產管理公司急於推出對沖基金產品不同，陽光私募基金由於缺少允許信託公司參與股指期貨的政策而未能推出對沖基金。一些陽光私募基金在探索通過「信託+合夥制」的模式組建對沖基金，其基本結構如下：信託公司通過發行信託產品向投資者募集資金，並以信託產品作為有限合夥人投資於合夥制的陽光私募基金，而陽光私募基金投資管理團隊則作為普通合夥人。這種基金可以採用對沖基金策略。由於對信託產品份額轉讓時交納個人所得稅尚無明確規定，這種模式的優點在於投資者作為信託份額的持有者，在轉讓該信託份額的時候不需要繳納所得稅。然而，儘管這種「信託+合夥制」的模式可以促進陽光私募基金推出對沖基金產品，但其處於監管的灰色地帶，很可能是過渡性的，這種

模式在信託公司被允許參與股指期貨交易后是否還會被使用仍是一個未知數。

7.8.6.3　中國對沖基金業面臨的問題

　　隨著市場流動資產的不斷增加，高淨值個人投資者數量以及其保護自己財富的慾望的快速增長，對沖基金在中國將經歷一個蓬勃發展的時期。然而，到目前為止，這一產業的進一步發展仍面臨許多嚴重的阻礙。

　　(1) 缺少對沖工具。

　　中國對沖基金經理的一大問題就是缺少工具。儘管中國政府已經批准了可以根據滬深 300 股指期貨賣空股指，但是目前僅有 90 家公司（上交所上市的前 50 和深交所上市的前 40）的股票被批准可以作為目標股票參與該項目，借入個股進行賣空仍非常困難。券商只被允許用自己的資金買入股票，然后出借給對沖基金經理，但是不可以用其客戶的股票。交易股票的頻率方面也有相關的限制。這些限制極大地削弱了試點項目的影響，融資融券和賣空的每日價值只占上交所和深交所總營業額的約 1%，導致賣空業務在中國費用高昂，並且使得對沖基金執行套利或其他戰略以及充分對沖投資風險非常困難。

　　(2) 缺少槓桿。

　　槓桿是對沖基金另一個重要的特點，也是中國對沖基金目前缺少的一個特點。中國的對沖基金經理不能夠借錢投資，儘管在實踐中有很多對沖基金經理向家人或朋友借得資金去投資從而產生槓桿效應。

　　雖然中國政府對於對沖基金和其潛在的風險仍保持謹慎的態度，但該行業仍然有緩慢卻令人鼓舞的發展。

　　在近期兩會期間，上交所的理事長表示上交所、深交所以及中國證券登記結算有限公司將會共同出資 60 億 ~ 100 億元人民幣成立證券金融公司（以下簡稱融金公司），從而促進融資融券業務（有關部門尚未對該公司的成立作出正式的公告）。

　　根據官方新華社下屬的金融出版物《財經國家周刊》報導，自去年融資融券業務正式啟動后，相關部門就一直在研究「轉融通」機制和籌建融金公司的方案。其中融金公司人事框架在 2010 年下半年已經敲定，成員來自於證監會融資融券工作小組。

　　融金公司將會是一個由證交所支持的非盈利機構。它將從銀行和資產管理公司借入證券從而滿足證券公司的需求，同時，它還會以其自身的信用評級向銀行融資從而向證券公司提供資金使其從事融資融券業務。融金公司不會直接面對客

戶，它只承擔向券商「批發」資金和券種的功能，再由券商「零售」給投資者。

這樣一個集中授信的模式被認為應該能進一步促進中國證券公司融資融券和賣空業務，因為證券公司不再受限於其自有的資金和證券。融金公司的成立有望幫助中國證券公司在賣空個股的基礎上發展交易策略，使它們能夠執行空頭市場交易策略。

由於融金公司涉及面較廣，其主要向哪些機構融券融資，以及將以多高利率或費率出借給證券公司，都是市場關注的焦點。

同時，為了解決可供賣空的標的股票過少的問題，證監會已決定將原來的90家公司擴展到「上證180」和「深證100」成份股，已接近「滬深300」成份股。

### 7.8.6.4　中國對沖基金業面臨的其他問題

對沖基金業成功和成長的一個重要的因素在於對沖基金業的從業人員。賣空股票和其他金融工具所涉及的技能與傳統的長倉策略所涉及的技能有較大區別。那些在傳統僅有長倉策略的市場屬於成功選股人的基金經理在長短倉對沖基金的市場裡未必可以複製他們的成功。鑒於賣空股指才剛剛被允許，所以這個領域的人才庫還很有限，還需要幾年的時間去發展。

除了需要有能夠熟練使用對沖基金常用金融工具進行交易的基金經理之外，中國對沖基金業成功和成長還需要有才能、有經驗的專業人員，來為對沖基金提供專業服務。一支對沖基金通常會需要律師、會計師、基金行政管理人、首席經紀人和託管人的服務。律師一般參與基金設立，策劃基金結構並準備法律文件。基金行政管理人的服務包括計算基金的淨資產值、與基金經理和投資者之間的溝通以及處理基金的贖回和認購等。首席經紀人的角色包括對沖基金的結算和交易清算等；但他們還提供股票借貸服務，保證金及其他融資服務。除此之外，首席經紀人還可以提供諸如市場研究，引進資金及其他諮詢服務等。這些專業服務人員在中國對沖基金的發展中會起到非常重要的作用，但這些人才的培養及提供上述服務所涉及的機構的建設尚需時間。

### 7.8.6.5　境外對沖基金注目中國

隨著中國金融及資本市場的不斷多元化及國際化，讓越來越多的境外對沖基金注目中國。在這個國內對沖基金大力發展完善的重要階段，國際資本經驗豐富的海外對沖基金也盯上了中國這塊蛋糕。不少海外對沖基金或在海外有過對沖基金管理和投資經歷的人準備嘗試或已進駐中國，尋求發展和合作機會。

海外對沖基金看重中國區的發展。其實無非是三大原因：一是漸漸國際化的

人民幣，逐步開放人民幣資產的跨境流動，讓中國部分的資產管理人或投資人提供大量走出去的機會的同時，也會給海外大量機構投資人和高淨值客戶提供進入中國市場的機會。二是監管層和中國基金業對對沖基金的態度越來越開放，基金法正在不斷修改和完善，這使得對沖基金所參與的二級市場會有更多的流動性，讓對沖基金能真正發展起來。三是中國財富的增值。銀行高淨值客戶管理著 17 萬億元的資金，而公募基金管理的資金規模才 200 億元，陽光私募也只有 2500 億元，未來中國人的財富將會流向更有效和積極管理型的投資領域。

這些海外的對沖基金大佬其實早已佈局內地；譬如被大家所悉知的，著名的對沖基金大鱷索羅斯光在中國就設有 3 個辦事處，以極其低調的姿態，從而達到其避開監管與分散媒體視線之目的。據第一財經日報記者查證，這家管理著亞洲資產多達 80 億~100 億美元（約 624 億~780 億港元）的索羅斯家庭管理基金有限公司（SFM HK Management Limited），其註冊資金僅為港幣 1 元。可見該領域低調的重要性。

儘管如此，隨著中國投資市場逐漸向國際放開懷抱如橋水聯合基金、英仕曼集團等幾家對沖「大佬」早已先行一步，搶灘內陸。

# 對沖基金的未來展望

## 8.1　對沖基金的前景

金融危機毫無疑問重創了對沖基金業，而麥道夫醜聞無疑讓該行業「雪上加霜」。要贏回投資者的信心，業績無疑是關鍵，而對沖基金本身的透明度也是重要一環。

金融危機之后，對沖基金的透明化程度越來越高。一方面現在很多對沖基金已經開始通過獨立管理帳戶來管理資產，對沖基金經理只有交易權利，沒有處理資產的權利，由第三方來對淨值定價，管理資產；另一方面，對沖基金開始根據投資銀行的信用評級來挑選經紀服務商，避免像雷曼兄弟這樣的經紀商倒閉事件對對沖基金造成重大損失。

此外，對沖基金還在其他服務方面進行了一些創新。歐洲最大的純對沖基金全球多空資本（GLC Partners）在 2009 年贏得了運作 30 多億美元新資金的委託。據瞭解，其收費結構較平常水平低。湯姆遜路透新聞社對沖基金全球研究主管奧里阿諾・金特里尼（Aureliano Gentilini）表示，減少單一經理、下調對沖基金收費都是可能的創新。此外在收費結構模型的基礎上，實行一段時期資產的滾動投資或提供折扣費用，以換取更長的鎖定期也是可行的替代辦法。

另一方面，政府也在加大對對沖基金的監管。美國頒布的多德−弗蘭克法案要求管理資產在 1.5 億美元或有 15 個客戶以上的基金管理公司必須在美國證監會（SEC）登記，並公布相關信息，同時定期接受 SEC 的檢查。

歐盟的可轉讓證券集體投資計劃第 3 部分（UCITS Ⅲ）旨在向合規的資產管理公司提供「歐盟護照」；2011 年熱議的 UCITS Ⅳ 在基金信息披露、註冊手續與基金合併等方面作由於進一步簡化。

監管人應該站在投資人的角度，從投資人的角度來理解對沖基金監管。

## 8.2　環球對沖基金展望

根據德意志銀行 2014 年公布的第十二期年度替代性投資調查報告顯示，接受調查的投資者預計 2014 年對沖基金總體規模將大幅度增加，機構投資者繼續增加對沖基金配置，對沖基金將在更廣泛的資產管理領域中擴張。德意志銀行全球投

資機構經紀業務聯席主管博薩諾表示，對沖基金的規模在更廣泛的資產管理領域中持續擴展，逐漸與主流資產管理者並行。「伴隨機構投資者大量資金的流入，預計 2014 年年底對沖基金的總規模將創下新高 3 萬億美元。」

據悉，全球共有涉及 29 個國家的 400 多家投資機構參與了上述調查。這些機構共管理逾 1.8 萬億美元資產，代表超過市場上三分之二的全部對沖基金管理資產。

調查結果顯示，投資者預計 2014 年對沖基金將迎來 1710 億美元淨資金流入，且實現 7.3% 或 1910 億美元的業績相關收益。由此判斷，對沖基金管理資產總規模將從 2013 年底的 2.6 萬億美元增至 3 萬億美元。從機構投資者的資產配置來看，2013 年近半數的機構投資者增加了對沖基金類的資產配置，57% 的機構投資者計劃在 2014 年增加此類配置。金融危機以前，來自機構投資者的資產約占對沖基金總資產的三分之一，而目前這一比例已經上升到三分之二左右。不僅如此，目前對沖基金已在更廣泛的資產管理領域中擴張。目前 39% 的投資者採用了基於風險水平的資產配置手段，41% 養老金顧問推薦其客戶採納此類資產配置手段。基於風險水平的資產配置方式有效打破了過去基於絕對回報水平、按比例進行配置的壁壘，允許股票做多或做空的基金經理在整體固定收益風險管理範圍內，與單邊做多以及絕對收益類基金展開競爭。

調查還顯示，80% 受訪者表示對沖基金在 2013 年的表現符合或超過預期。這些受訪者的對沖基金資產配置實現了 9.3% 的加權平均收益。展望 2014 年，63% 的受訪者和 79% 的機構投資者預計其持有的對沖基金組合收益將在 10% 以內。股票多空策略和事件驅動策略將被普遍採用。從費率機制來看，目前投資者平均支付 1.7% 的管理費用以及 18.2% 的收益佣金。雖然佣金水平略有降低，但投資者實際仍然願意為更好的業績表現支付高佣金。

# 對沖基金網上資源

## 9.1　網站

www.9Fa.com

www.QQinv.com

www.CHPcn.com

www.CHPhk.com

www.CHPjp.com

## 9.2　協會

中國對沖基金協會（西南財大、加拿大九洲發展資產管理公司、麗影香港公司）

附　錄

## ──A 對沖基金經理訪談錄①

第一位：

斯柯特·達利（Scott Daly）。達利是坎普利思伏資本管理公司（Comprehensive Capital Management Inc.）的貨幣基金經理。

什麼是對沖基金？

在過去的幾十年裡面，對沖基金變化非常大。最初它是在釋放出市場的不準確性后，按照這個不準確因素的相反方向進行投資，這樣實質上就不會損失。一旦其他人也發現了這個市場的不準確性，這個機會就很快消失。

多年以來「對沖基金」這個術語的含義並不多樣化。它僅僅是投資者投資的一個產品。營運對沖基金的人對基金有很大的控製權，他們收取利潤的一部分，同時也收取管理費。

Q：你的公司的背景是什麼？

A：我是一個趨勢投資者。我使用減少風險的積極管理模型進行投資，這樣做已經十五年了。我現在管理的資產有 5 億美元。

Q：如果投資者已經滿足於他們現有的投資，有什麼理由可以讓他們投資到對沖基金？

A：從個人來說，我偏好於對沖基金中的託管帳戶類型。我相信這樣客戶在對沖基金中能夠更好地享受我提供的服務，並且有更多的控製權。

Q：你是否將你的基金與指數比較？如果沒有，你的基金的績效是怎麼樣計算的？

A：將基金與標準普爾 500 進行比較。

Q：你的基金的槓桿使用情況是怎樣的？

A：最多 200%。

Q：你是否將自己的資金投入到你管理的基金？

A：對沖基金經理總是會投資資金到自己的基金，按照策略變化數量會有所變化。

Q：是否有高水位線條款和資本最低回報率？

---

① 註：下文中，Q 表示訪談者，A 表示被訪談對象。

Ａ：沒有。

Ｑ：你現在的投資者是誰？

Ａ：所有類型的投資者都有。

Ｑ：你的投資者是怎麼樣配置他們的投資到對沖基金的？

Ａ：通常對沖基金占他們個人組合不到 10%。

Ｑ：你的投資者的特徵是什麼？

Ａ：個人投資者大多在 60 歲以上，個人資產都在 3 百萬美元以上。

Ｑ：誰應該投資到對沖基金？

Ａ：有經驗的、受到過高度教育的投資者。

Ｑ：投資者的投資入門要求是什麼？

Ａ：他們必須是在過去兩年至少收入 25 萬美元，同時淨資產最少為 200 萬美元。

Ｑ：你的投資者通常犯的錯誤是什麼？

Ａ：他們的自己涉入的投資不是真正明白，從而在追求期望回報的時候承受了過多不必要的風險。

Ｑ：請介紹一下你的背景。

Ａ：我大學畢業后做了 15 年房地產經紀人，然后一直與金融打交道。

Ｑ：你是怎麼樣開始你的對沖基金職業生涯的？你的動力是什麼？

Ａ：我一開始是在給自己找尋一種更好的投資方法，后來逐漸將這種投資擴展到家庭、朋友和客戶。

Ｑ：你經常感受到壓力嗎？

Ａ：總是有壓力。

Ｑ：你的壓力來自哪裡？

Ａ：我用於投資的客戶的錢是決定客戶生活的。

Ｑ：你怎樣釋放你的壓力？

Ａ：運動。

Ｑ：一個成功的對沖基金經理的特徵是什麼？是具備天賦還是勤奮努力？

Ａ：不是天賦，成功是通過努力地工作和訓練得到的。

Ｑ：你將來打算從哪些方面提高你管理的基金的績效？

Ａ：不斷地審視和提高模型。

Ｑ：你管理的基金過去的績效情況怎麼樣？

A：我嘗試達到或者超過業績標準（標準普爾500）的回報，同時只承擔同樣投資通常需要承擔風險的一半。

Q：什麼因素可能會影響到對沖基金的績效？

A：任何一件事情。

Q：這些影響對沖基金的因素是否也會影響到傳統的投資？

A：肯定。

Q：你為你的基金制定出一個單一的策略所要面臨的挑戰是什麼？

A：通過所有的市場環境得到回報的同時減少承受的風險。

Q：你最常使用的投資是什麼？

A：公募基金。

Q：你的基金的競爭優勢是什麼？你的競爭者可以對其進行模仿嗎？你怎樣建立這種優勢？

A：我的基金的優勢建立在我自己建立的專有模型之上，沒有人能夠完全複製。

Q：在什麼樣的市場環境下你的基金的績效最好？

A：上下波動的市場中。

Q：在你從業的這些年，資本市場環境有什麼變化嗎？

A：一直在變化。

Q：在新的市場環境下，基金的策略是否有改變？

A：是的，我加入新的模型，取消舊的模型。

Q：你現在在找尋什麼樣的投資機會？

A：並沒有找尋機會。

Q：你的基金的最大風險是什麼？你怎樣衡量和管理這些風險？

A：用於交易的模型是基於歷史數據的，計算出的各種可能性也是反應過去的市場。當諸如「911」恐怖襲擊事件，或者海嘯發生的時候，市場的反應是相當迅速和強烈的。這些反應都是基於突發事件。因為沒有人知道這些事件什麼時候發生，並且模型是基於歷史數據的，在模型顯示應該持有多頭但是負面的事件發生的時候，市場已將你牢牢套住。

Q：你是否使用衍生物？

A：不使用。

第二位：

邁克・柯恩（Michael S. Cohn）。柯恩是斯松合夥（Cynthion Partners）的首席風控官和首席營運官。

Q：你的公司的背景是什麼？

A：我們的公司是由常青藤聯盟的一位法律學者建立的，他通過朋友和家庭的關係與華爾街的各界聯繫非常緊密，所以決定全職進行投資。基金是基於全球的股權和股權相關的衍生品的全球性的基金，但是也會進行一些利率、信用和固定收益方面的投資。我們現在沒有進行資金吸納，所以沒有披露資產的具體規模。

Q：如果投資者已經滿足於他們現有的投資，有什麼辦法可以讓他們投資到對沖基金？

A：投資者配置一部分的對沖基金對於他們長期來說是有意義的，那樣會讓他們能夠將他們的一部分資產投資到需要極端關注和非常仔細去執行的複雜的項目中，同時也給他們提供了一個機會，把握住這個機會就可以得到除了買入策略之外的其他策略盈利的機會。

Q：你是否將你的基金與指數比較？如果沒有，你的基金的績效是怎麼樣計算的？

A：我們將我們與 FTSE 全球股權指數和美國標準普爾 500 進行比較。我們的回報是由獨立的管理人計算，並且不經過我們就直接將計算的結果通知給投資者。

Q：你的基金的槓桿使用情況怎麼樣？

A：通常是 2.5，如果計算期權的多頭，就有更多的槓桿。

Q：你是否將自己的資金投入到你管理的基金？

A：我管理的基金的 20% 是我自己的錢。

Q：你的基金的費用結構是怎麼樣的？是否有高水位線條款和資本最低回報率？

A：我們的費用結構跟傳統的對沖基金是一樣的。我們有高水位線條款但是沒有資本最低回報率。

Q：你現在的投資者是誰？你的投資者怎樣配置他們的投資到對沖基金？你的投資者的特徵是什麼？

A：我們的客戶是超級的高淨資產個人投資者。他們的信息是機密，恕我不能提供。

Q：誰應該投資到對沖基金？你對初次投入的投資者有沒有什麼要求？

A：對沖基金適合於高淨資產個人投資者和機構，如果他們想用另外的一種方

法獲得 Alpha 和 Beta 回報，同時投資的資金在目前也沒有其他的用途，都比較適合。

Q：你的投資者通常犯的錯誤是什麼？

A：我們的投資者沒有太多的錯誤。但是很多投資者不斷地嘗試更換基金經理，就好像在管理股票組合。

Q：請介紹一下你的背景。你是怎麼樣開始你的對沖基金職業生涯的？

A：我攻讀了沃頓大學的 MBA 學位，具有很強的本科的數學和統計背景。畢業后我加入高盛，後來在美林的朋友的幫助下進入了一家叫做 Panther Capital Management 的相對價值全球宏觀基金公司。我學到了很多關於全球衍生物和槓桿的內容，即使是那樣我知道的基金方面的知識還是很少。進入 Panther Capital 之後，我花了 8 年的時間學習市場和數學，同時建立了各種成功的策略，最後我做到現在這個職位。我有很強的風險管理能力和市場相關的背景，我可以告訴你很多平時很難學到的內容。

作為 1987 年高盛在歐洲的交易員，我的工作是維護原先在公司客戶中的市場，同時為其他的公司做市。1987 年高盛銷售兩個銀行發行的資產抵押債券（ABS）。這個金融產品對於歐洲來說是新事物，所以銷售緩慢。隨著 1987 年 10 月股市崩盤，掉期價差增加，我們在這些債券上損失慘重。我們學到的教訓就是組合的流動性在任何時候都非常重要。

Q：你的職業動力是什麼？

A：我的動力大部分來自對創業的熱愛，想做自己真正喜歡的事情，即在市場中交易和管理風險。

Q：你經常感受到壓力嗎？你的壓力來自哪裡？你怎樣釋放你的壓力？

壓力來自各個方面，並且是持續的。我喜歡在春天和夏天騎我的自行車，但是我幾乎每一天都在鍛煉。我也通過閱讀來放鬆，但是最重要的是跟我的孩子們在一起可以感受到快樂。

Q：一個成功的對沖基金經理的特徵是什麼？是具備天賦還是勤奮努力？

A：我當然不是有天賦那種，沒有比常人有更多的智力。我發現我必須努力工作來克服我自己在投資中產生的偏見。通常你必須對你的工作維持非常強的關注度。

Q：你將來打算從哪些方面提高你管理的基金的績效？

A：像每個人一樣，我們需要用很多時間考慮如何在趨勢市場和上下波動的市

場中表現得與眾不同。我們也提醒自己獲利是沒有問題的。

Q：你管理的基金的過去的績效情況怎麼樣？什麼因素可能會影響到基金的績效？這些影響對沖基金的因素是否也會影響到傳統的投資？

A：我們並不公開披露績效。作為偏重於做多的基金，我們肯定被股權風險溢價和其他的風險溢價影響，例如信用價差。這些同樣影響傳統的投資。

Q：你是怎樣產生投資的主意的，並且為你的基金制定出一個單一的策略后你面臨的挑戰是什麼？

A：從各個角度都會產生投資的主意，很常見的是通過經紀人的研究和閱讀選定的個人博客而來的。挑戰是搶在大多數人之前制定出策略並且進行投資，這樣才能在大量的人群湧進的時候退出。

Q：你的投資流程是什麼？

A：我們是自上而下看全球（市場）的基本面，然后用自下而上的股票選擇來填滿這些投資的主意。

Q：你最常使用的投資是什麼？

A：股權和股權期權是最主要的投資。我們通過設計好的全球持有倉位來間接地暴露到固定收益。

Q：你的基金的競爭優勢是什麼？你的競爭者可以對其進行模仿嗎？你怎麼樣建立這種優勢？

A：這些問題對於哈佛的 MBA 畢業生來說都是好問題，但是我讀的是沃頓的 MBA。我們在非常吵鬧充滿噪音的世界嘗試維持對基金市場的長期關注。我們通過整合信息和管理風險的能力使自己區別於其他的競爭者。

Q：你通常使用什麼軟件來提高你的績效？

A：我們使用很多服務提供商的服務，但是我們最新的工具是路透提供的 STARMINE，它能幫助我們跟進分析師的研究。

Q：在什麼樣的市場環境下你的基金的績效最好？

A：我們偏好市場中波動上升。

Q：在你從業的這些年，資本市場環境有什麼變化嗎？在新的市場環境下，基金的策略是否有改變？

A：我從事這一職業超過 25 年了，其間有太多的變化。我對市場中立的策略不再像過去那麼感興趣。

Q：你現在在找尋什麼樣的投資機會？

A：新興市場中受益於政府政策推動消費者的需求的相關的股票。

Q：你的基金的最大風險是什麼？你怎樣衡量和管理這些風險？

A：我們最大的風險是股權的 Beta，我們通過不同的指數期權策略和使用基於標準普爾 500 波動指數（VIX）的期權來管理這類風險。

Q：你是否使用衍生物？你怎樣監控這些風險？

A：我們大量使用交易所交易的衍生物。我們使用的軟件可以即時地給我們報告我們的所有期權 Greeks 等相關的暴露信息，所以來自我們面臨的訂約方的風險有限。

第三位：

雷蒙德・勞特（Raymond Lahaut）。勞特是歐米伽資本管理公司（Almega Capital Management）的創始合夥人。

Q：什麼是對沖基金？

A：對沖基金是一種投資基金，它的目標是在任何的市場環境下都得到正的回報。為了達到這個目的，我們使用大部分或者是有的市場中的可以用的工具，主要的一個是賣空的機會，也就是賣出我們並不持有的股份，認為將來可以用更低的價格買回來。

Q：你的公司的背景是什麼？

A：我們正在建立一個 LSE 基金，用於投資房地產股權板塊（例如，REIT′s 等）。

我們的目標是：

①致力於房地產證券基金，提供與普通股權和房地產股權市場相關性低的，可以持續的更高回報或者絕對回報。

②從房地產和基本面與定價的差異，以及資本市場在整個市場週期的位置中挖掘利潤。

③爭取淨回報 15%，波動在 10%~12%。基金是方向性的，可以淨多頭或者淨空頭。

④主攻全球的公開交易的房地產股權（歐洲至少 80%，歐洲以外的最多 20%）。

⑤維持 70%~80% 的長期交易，剩下的是短期的交易。

⑥不只是投資到公司股權，也投資到其債券。我們也通過投資到期權來增加回報。

⑦使用各種對沖工具管理其市場暴露和增強回報。

Q：如果投資者已經滿足於他們現有的投資，有什麼辦法可以讓他們投資到對沖基金？

A：投資者需要在不同資產類型、國家和板塊中分散他們的資金，這樣做可以最小化他們的風險，同時最大化他們的回報。對沖基金與其他的資產類型的相關性低，這樣就減少總的組合的風險。此外，對沖基金的目標是不管市場的漲跌，都會有正的回報。

Q：你是否將你的基金與指數比較？如果沒有，你的基金的績效是怎麼樣計算的？

A：我們沒有跟蹤某個指數。我們的目標是每年的回報有 15%，波動在 10%～12% 之間。

Q：你的基金的槓桿使用情況是怎麼樣？

A：一般的情況下我們沒有槓桿。如果我們認為某個機會一定存在，我們可以用 50%～150% 的槓桿，但是不會超過 150%。

Q：你管理的基金主要有幾個基金經理？

A：我們將由兩個高級基金經理開始營運。

Q：你的基金的費用結構是怎麼樣的？是否有高水位線條款和資本最低回報率？你的報酬來自哪裡？

A：我收取 2% 的管理費和 20% 的績效費用。我們有高水位線條款，但是沒有資本最低回報率。基金經理的收入是基本的工資加上基於該基金績效的獎金。

Q：誰應該投資到對沖基金？你對初次投入的投資者有沒有什麼要求？

A：符合我們的規定的投資者，就是那些想把他們的資產的一部分投入到高淨資產的個人。我們要求最低的投資是 5 萬美元。

Q：你的投資者通常犯的錯誤是什麼？

A：有時候投資者缺乏一點耐心。我們投資到房地產股權時，因為房地產投資的週期較長，所以我們喜歡投資者有 3 年的投資期限。

Q：請介紹一下你的背景。

A：我在房地產股權方面有 10 年的經驗。開始的 6 年時間是只做投資經理，后來的 4 年在投資房地產股權的對沖基金。

Q：你是怎麼樣開始你的對沖基金職業生涯的？你的動力是什麼？

A：我 2005 年開始在房地產的對沖基金工作，因為我認為房地產已經被高估

值，我想抓住機會賣空，2007 年和 2008 年市場果然下跌。現在在各個國家都有很多新的房地產公司上市，所以我設立一個對沖基金，買入有很好的管理層和好的房地產組合的公司，同時賣出管理層差和所有的房地產組合差的公司。

Q：你經常感受到壓力嗎？你的壓力來自哪裡？你怎麼樣釋放你的壓力？

A：壓力是非常大的。主要的壓力來自必須確保組合每個月都有正的回報。同時，我們需要走在市場的前面，在競爭者發現機會之前發現機會。通過確保你在所做的領域是最棒的可以釋放壓力，同時在工作後進行一些運動可以釋放壓力情緒。

Q：一個成功的對沖基金經理的特徵是什麼？是具備天賦還是勤奮努力？

A：肯定是勤奮努力。對沖基金經理應該非常瞭解他的市場，也應該非常瞭解他使用的投資工具。同時，對整個市場的把握也是非常重要的。

Q：你將來打算從哪些方面提高你管理的基金的績效？

A：我們一直在找尋沒有被市場發現的機會。房地產市場是一個增長的市場，有很多公司在接下來幾年會上市。

Q：你管理的基金過去的績效情況如何？什麼因素可能會影響到基金的績效？

A：我總是有非常好的正回報績效，但是在極端困難的 2008 年，我也有一點小的負的績效。2008 年因為高波動，非常困難，賣空的幅度也被政府干預。這一點是非常難於判斷和預測的。但是你也知道，對沖基金與傳統的只做多的基金相比，只做多的基金損失更多。

Q：你是怎麼樣產生投資的主意，並且為你的基金制定出一個單一的策略的？面臨的挑戰是什麼？

A：我與很多房地產公司，直接的房地產經紀進行談話，同時也參加各種會議和路演來得到新的主意。我曾經一年走訪超過 100 家公司。

Q：你的投資流程是什麼？

A：自上而下。首先，我們看整個市場，這對房地產市場很重要（比如消費者信心、利率等）；然後我們看不同的房地產部分，如辦公室、公寓，判斷價值和租金是否有強的增長（或者強的減少）；最后，我們看單獨的公司，看哪個公司對於當前的市場而言是最好的，以及哪個公司有最好的管理層團隊。

Q：你最常使用的投資是什麼？

A：大多數是股權，同時也用衍生品（CFD's），期權和期貨。

Q：你的基金的競爭優勢是什麼？你的競爭者可以對其進行模仿嗎？你怎麼樣

建立這種優勢？

A：主要的競爭優勢是在原來做多時候累積的經驗和投資流程。同時，我們這些年累計建立的合同是非常重要的。

Q：你通常使用什麼軟件來提高你的績效？

A：我們主要使用布隆伯格通訊社（Bloomberg），這對於我們投資來說已經足夠了。

Q：在什麼樣的市場環境下你的基金的績效最好？

A：我們的目標是各種市場環境下都有良好的績效。在市場持續上漲或者持續下跌的時候，我們的績效最好。

Q：在你從業的這些年，資本市場環境有什麼變化嗎？在新的市場環境下，基金的策略是否有改變？

A：在過去幾年波動有顯著的增加。儘管我們認為這是暫時的，我們為應對這種趨勢減少了基金總的暴露和淨的暴露。

Q：你現在在找尋什麼樣的投資機會？

A：在做多方面我們找尋過去幾年損失慘重但有實力的公司，在做空方面我們找尋不能擺脫困境的公司。

Q：你的基金的最大風險是什麼？你怎麼樣衡量和管理這些風險？

A：我們主要關注波動風險和下行風險。在風險增加的時候我們會調整組合。

Q：你是否使用衍生物？你怎樣監控這些風險？

A：我們使用期權和期貨。我們監控風險系數（Greek）和組合，計算經過風險指標（Beta）調整后的暴露情況。

第四位：

博恩‧英格蘭得（Bjorn Englund）。英格蘭得是古德偉格資本（Godvig Capital）的總裁和創始人。

Q：介紹一下你的對沖基金。

A：Godvig Capital 是 2004 年建立的，是私有的管理公司。管理的資產大概 1 億美元，分佈在三個開放式基金（Dog Fund、Iraqi Babylon Fund 和 Global Frontiers Fund）和一些額外的諮詢委託書。我們擅長做邊界市場和新興市場，但是沒有參與私募投資，而是通過股票市場進行投資。

Q：如果投資者已經滿足於他們現有的投資，有什麼辦法可以讓他們投資到對沖基金？

A：投資者應該把所有的資產的一小部分投資到對沖基金。對於感興趣的投資者，我們會給予他們誠信和資產配置的原理。基金給予的是長期的信用，而不是短期的資產累計。但是，這種情況現在不常見。投資者對對沖基金的投資明顯不足。投資者配置到對沖基金的資產接近他們總的組合價值的0~2%，而不是推薦的至少10%。我們除了告訴投資者增加對對沖基金的配置，也確保他們瞭解預期賺錢的思路、回報的相關性矩陣，以及讓他們瞭解誰是對沖基金的服務提供者（在潛在問題和系統風險出現的時候確保真實的安全）。

Q：你是否將你的基金與指數進行比較？如果沒有，你的基金的績效是怎麼樣計算的？

A：我們沒有正式的指數標準，但是有一些推薦的指數作為瞭解（有正式的指數標準就必須持有一定的多頭，儘管是低配也要配置一些，但是有一些大得很糟糕的公司我們並不看好）。

在伊拉克沒有可以投資的指數可供複製。為此我們開發了自己的指數。

我們的獨立的基金管理人知道投資者並不想基於我們自己的指數來計算回報和支付績效費用。所以，在這個階段，績效費用的計算是基於絕對的目標（有高水位線條款和資本最低回報率）。

Q：你是否將自己的資金投入到你管理的基金？

A：有，我投入的資金少於基金資產的3%，例如當前2850萬美元就是100萬美元。同時，工作人員也將自己的財富的很大一部分投入了基金。

Q：你的基金的費用結構是怎麼樣的？是否有高水位線條款和資本最低回報率？

A：是常見的對沖基金費用結構，2%的管理費加上20%的績效獎金。在每個財務年度都可以收回投資。對於每個系列都有高水位線條款。我們使用8%的年化資本最低回報率。

Q：你的報酬來自哪裡？

A：每個月的管理費大概在每個月20天后由獨立的基金管理人支付，接下來每個月依此類推。績效費用是一直累積到財務年度結束，才進行計算的。這些績效的獎金在接受完畢馬威的審計之後才支付。

Q：你現在的投資者是誰？你的投資者怎樣配置他們的投資到對沖基金？

A：事實上，我們的投資者的類型非常廣泛。在基金中「20/80」法則成立，即20%的投資者持有80%的資產和利潤。機構投資者包括基金的基金（FOF）和

退休金基金，等等。除了機構之外，就是高淨資產的個人投資者。

從地域上來看，大多數投資者都是來自歐洲，還有一些來自中東。

從性別來看，我們的客戶中95%做決定的人都是男性，只有一個或者兩個是女性。

我們的投資者都非常有經驗，大都願意配置至少總的投資的10%到對沖基金和與其緊密相關的其他投資。

Q：誰應該投資到對沖基金？你對初次投入的投資者有沒有什麼要求？

A：我們只允許專業的投資者進行投資，10萬美元是最小的要求。

Q：你的投資者通常犯的錯誤是什麼？

A：第一，很多投資者不瞭解或者不關心任何期間的收益或者損失是否歸咎於經理，或者只是因為市場趨勢。

第二，他們的期望在不同期間是不同的，例如，如果是在困難的時期，他們預期絕對的回報，而在較好的環境下他們預期高的相對回報。有時他們期望兩個目標都持續達到。

第三，他們對質量的風險並不關注，而是關注量化的東西。任何一個投資者應該問的第一個問題是：「你的服務提供者是誰？」第二個問題應該是「誰在管理中擁有主要的簽字權？」第三個問題是「誰是你的獨立的基金管理人，這個人會計算基金的績效和支付相關費用給經理嗎？」

Q：請介紹一下你的背景。

A：我是瑞典人，41歲，曾在瑞典的Lund大學學習經濟與政治，擁有15年的基金經理和投資策略師工作經驗。我的愛好包括打壁球和徒步。

Q：你是怎樣開始你的對沖基金職業生涯的？你的動力是什麼？

A：在20世紀90年代早期，我在俄羅斯進行投資，后來投資到當時開放的國家（美國、阿塞拜疆、羅馬尼亞和一些波羅的海國家）。除了獲利之外，我也覺得自己幫助了當地的人開發了他們的市場，讓他們與整個世界重新加強了聯繫（盡我微薄之力）。

Q：你經常感受到壓力嗎？你的壓力來自哪裡？你怎麼樣釋放你的壓力？

A：過去生活中一直都有壓力。過去的歲月我都在打硬仗。當我感受到壓力的時候，有兩件事情可以讓我安心下來：①我已經盡全力把事情做好；②我從來沒有承諾過成功或者任何收益。

Q：一個成功的對沖基金經理的特徵是什麼？是具備天賦還是勤奮努力？

A：嗯，好問題，但是我會給你狡猾的回答。教育和視野建立起投資的主意，但這些主意最終是基於理論思考的。我真的真的（強調）認為你必須在社會中為了你自己的主意而站出來，即使每個人都有其他觀點的時候也應該這樣。要讓自己成為一個自由的思想者，有能力看透公司的謊言和所謂的投資英雄故事。

此外，還要有一個持續的工作流程（在致富後調整生活方式不去追逐法拉利和高爾夫旅行）。此外，還應該保持低調。

Q：你將來打算從哪些方面提高你所管理的基金的績效？

A：在目前這一階段，我們試著提高績效的質量，例如，減少系統風險。

Q：你管理的基金的過去的績效情況如何？

A：收益率為37%。

Q：什麼因素可能會從正面影響到基金的績效？

A：整體市場良好，選擇正確的板塊。

Q：你是怎樣產生投資的主意，並且為你的基金制定出一個單一的策略的？你面臨的挑戰是什麼？

A：結合內部和外部的資源。內部的資源是巴格達和歐洲的團隊，外部的研究基於經紀人和銀行對伊拉克的觀點。

Q：你的投資流程是什麼？

A：自上而下，相當廣泛的分散，對每個投資和每個版塊都設有投資上限。

Q：你最常使用的投資是什麼？

A：70%為股權、20%為國庫券、10%為存款。

Q：你的基金的競爭優勢是什麼？你的競爭者可以對其進行模仿嗎？

A：我們很獨特，所以我們在這個階段沒有任何競爭對手。我們也沒有列出所有的投資列表，主要的一些投資只在月末的時候列出一些。

Q：你怎麼樣建立這種優勢？

A：繼續做我在做的事情，即增加經驗和拓展人脈關係。

Q：你通常使用什麼軟件來提高你的績效？可以做什麼？是否滿意其功能？

A：彭博。通過這個軟件可以進行情景設立，瞭解相關性，接收新聞，進行風險分析等等。目前來說還比較滿意，但是其對於邊界的市場的覆蓋還不是太多。

Q：在什麼樣的市場環境下你的基金的績效最好？

A：我的基金在政治發展和改革的時候績效最好。就是取決於該國國內的因素。伊拉克在這個階段與國際貨幣的流動沒有太大關係。

Q：在你從業的這些年，資本市場環境有什麼變化嗎？

A：有更多的資金在國際間流動。

Q：你現在在找尋什麼樣的投資機會？

A：電信和酒店，以及小型的私募股權。

Q：你的基金的最大的風險是什麼？你怎麼樣衡量和管理這些風險？

A：一些風險難於用數字衡量，所以我們傾向於用趨勢來評估，並且將其與其他國家的風險趨勢進行聯繫。

實際上，我們對於風險的趨勢做得非常分散。儘管有人只是一心一意關注市場風險，但是我們在不相關的風險之間進行分散，例如政治風險、市場風險、稅務風險、國有化風險、公司風險，等等。

Q：你是否使用衍生物？你怎麼樣監控這些風險？

A：沒有。

第五位：

菲力浦・保爾茲（Philipp Polzl）。保爾茲是奇巴思基金管理公司（Qbasis Fund Management）的聯合創始人。

Q：什麼是對沖基金？

A：在我看來，對沖基金是一種投資的工具，為了得到正的回報，它並不限制策略的類型。

Q：你的公司的背景情況是怎麼樣的？

A：我們關注的是管理期貨，使用兩個不同策略交易超過 90 個流動的和交易所交易的期貨。我們的方法是完全的系統（沒有人進行自由裁判的因素）。我們管理的資產在這個時候大概是 2500 萬美元。

Q：如果投資者已經滿足於他們現有的投資，有什麼辦法可以讓他們投資到對沖基金？

A：分散和不相關的回報。對沖基金應該能夠在各種市場環境下都得到正的回報，而股票不能。

Q：你是否將你的基金與指數進行比較？如果沒有，你的基金的績效是怎麼樣計算的？

A：我們將我們的績效與我們在管理期貨行業內的競爭者的相比較。我們並不試著去超過一個指數，目標是在每一年都有正的回報。

Q：你的基金的槓桿使用情況是怎麼樣？

A：我們的保證金/股權比率大概是 20%。

Q：你是否將自己的資金投入到你管理的基金？

A：有，大概占管理資產的 5%。

Q：你的基金的費用結構是怎麼樣的？是否有高水位線條款和資本最低回報率？你的報酬來自哪裡？

A：2.5% 的管理費，加上 25% 的績效獎金。在高水平線（HW）基礎上進行計算，但是沒有資本最低回報率。

Q：你現在的投資者是誰？你的投資者怎麼樣配置他們的投資到對沖基金？

A：大多數是銀行、基金的基金 FOFs 和高淨資產的個人投資者。

Q：誰應該投資到對沖基金？你對初次投入的投資者有沒有什麼要求？

A：每個人都應該持有管理的期貨到他們的組合中。特別是去年，你可以看到有管理期貨的組合在股市大跌的期間的巨大作用。第一次至少投資 10 萬美元。

Q：你的投資者通常犯的錯誤是什麼？

A：在上漲之后進行投資，在下跌的時候退出。

Q：請介紹一下你的背景。

A：我在奧地利的格拉茲（Graz）大學和美國的德克薩斯技術（Texas Tech）大學分別學習過法律和經濟/金融。

Q：你是怎麼樣開始你的對沖基金職業生涯的？你的動力是什麼？

A：我遇到了在系統性交易方面有豐富經驗的夫里昂·偉納（Florian Wagner，Qbasis 的經理），然後我們一起建立了公司。我一直對金融市場有興趣，所以非常渴望在這個行業工作。

Q：你經常感受到壓力嗎？你的壓力來自哪裡？你怎麼樣釋放你的壓力？

A：沒有。

Q：你將來打算從哪些方面提高你管理的基金的績效？

A：我們持續監控自己的交易系統，在其沒有效率的時候可以做出反應。很幸運的是至今我們沒有改變我們系統中的任何東西，因為它們非常堅固和成功。

Q：你管理的基金的過去的績效情況如何？什麼因素可能會影響到基金的績效？

A：就像大多數管理的期貨經理，我們從大的市場趨勢（空或者多）中可以獲得更多的回報。這是我們在 2008 年獲得最好的回報的原因，因為幾乎在任何領域我們都看到這一年市場朝著同一個方向有巨大的移動。

Q：你是怎麼樣產生投資的主意，並且為你的基金制定出一個單一的策略的？你面臨的挑戰是什麼？

A：策略主要是由我們的系統開發的頭茲德‧卡哈爾（Ziad Chahal）開發。他開發交易策略超過 15 年。

Q：你最常使用的投資是什麼？

A：我們只使用期貨市場。我們交易的部分包括：股票、債券、貨幣、穀物、礦物、能源，等等。

Q：你的基金的競爭優勢是什麼？你的競爭者可以對其進行模仿嗎？你怎麼樣建立這種優勢？

A：與我們的競爭者相比，我們能夠更早地進入具有新的趨勢的市場，所以我們的獲利不僅來自長期，也來自短期的趨勢。我們一直在市場中（這一點也讓我們非常不同），所以我們當然能夠抓住每一個演化的趨勢。除此之外，我們有非常嚴格的風險控製機制。這使得我們比競爭者有更高的上限和更低下限。

Q：在什麼樣的市場環境下你的基金的績效最好？

A：在大的趨勢時期，例如 2008 年。但是我們的策略可以處理任何的市場環境。

Q：你的基金的最大風險是什麼？你怎麼樣衡量和管理這些風險？

A：我們在任何一個單一的市場中，平均都比股權少於 0.4% 的風險。止損機制確保不能超過 0.4%。我們最糟糕的投資結果是 27%，而我們的平均的投資績效是年化后的 53%。

Q：你是否使用衍生物？你怎麼樣監控這些風險？

A：是的，我們在超過 90 個期貨市場進行交易。

［參考以上《對沖基金獵人》（Hedge Hunters），對沖基金大師訪談，以及《對沖基金投資策略》（Investment Stragegies of Hedge Funds）］

## ── B 參考圖表

# 對沖基金全國分布圖

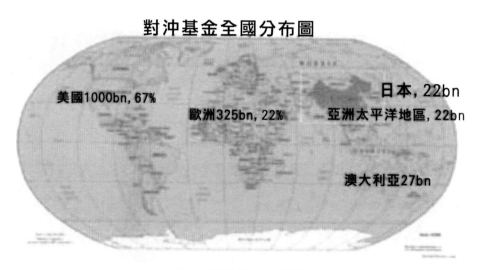

圖 1　對沖基金全球分佈圖

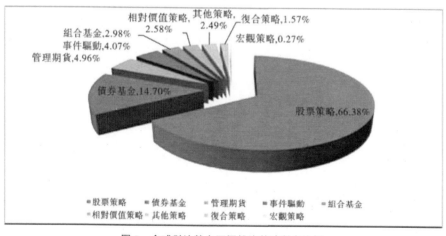

圖 2　全球對沖基金不同投資策略所占比例

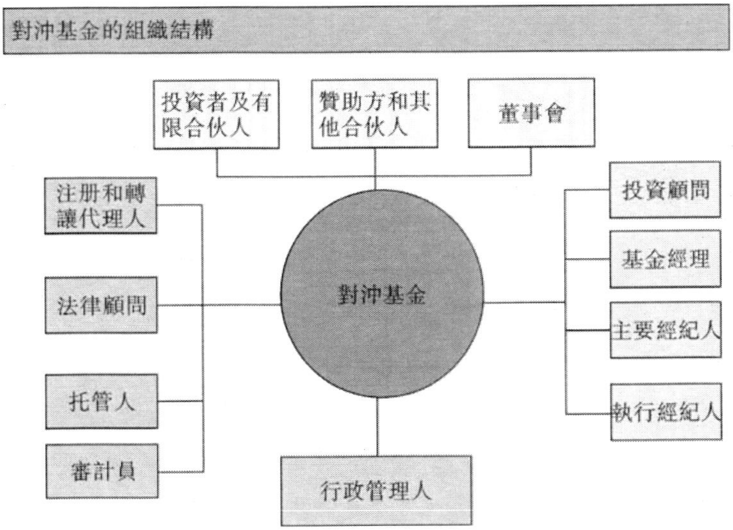

## 對沖基金的組織結構

投資者及有限合伙人

贊助方和其他合伙人

董事會

注册和轉讓代理人

法律顧問

托管人

審計員

對沖基金

投資顧問

基金經理

主要經紀人

執行經紀人

行政管理人

圖 3　對沖基金的組織結構

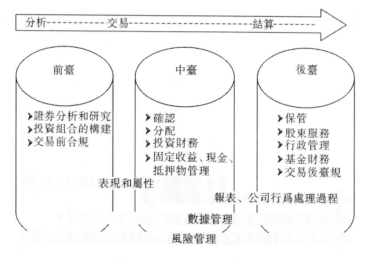

圖 4　對沖基金的業務流程圖

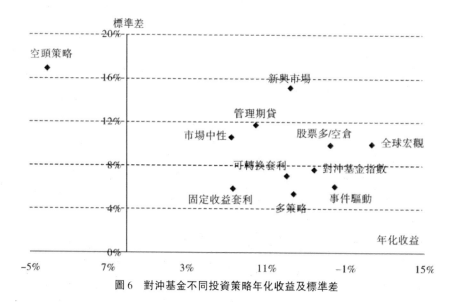

圖 6　對沖基金不同投資策略年化收益及標準差

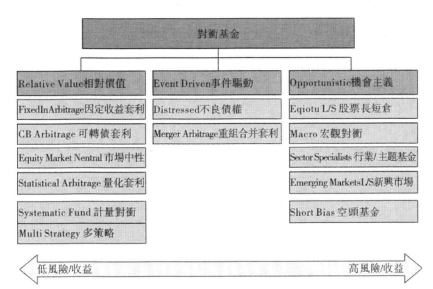

圖 5　對沖基金不同投資策略風險收益高低

### 红色回报

去年中国策略对冲基金回报率超过了全球对冲基金的平均水平和整个市场的表现。2013年回报情况如下：

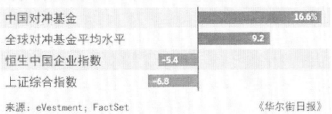

来源：eVestment；FactSet　　　　　　　　　　《华尔街日报》

圖 8　2013 年中國對沖基金業績表現

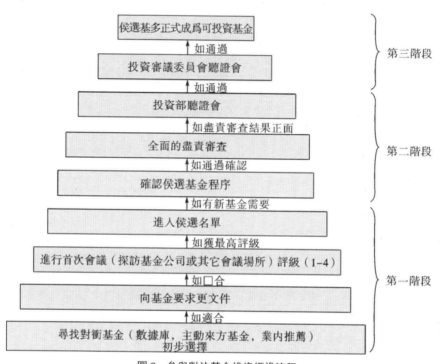

圖 7　參與對沖基金投資標準流程

表 1　2013 年上半年中國對沖基金策略分類收益前三名（不包含結構化）

| 策略分类 | 前3名产品 | 产品类型 | 投资顾问 | 基金经理 | 累计净值 | 6月收益 |
|---|---|---|---|---|---|---|
| 股票策略 | 粤财信托-创势翔1号 | 非结构化 | 创势翔 | 黄平 | 1.5725 | 93.51% |
| | 万联拓璞1号 | 券商集合 | 拓璞投资 | 王勇 | 1.496 | 54.71% |
| | 外贸信托-国涨一期 | 非结构化 | 国涨投资 | 马泽 | 0.8386 | 54.67% |
| 相对价值 | 国金慧泉量化对冲1号 | 券商集合 | 国金证券 | | 1.1649 | 16.44% |
| | 国金慧泉量化专享1号 | 券商集合 | 国金证券 | | 1.1635 | 16.34% |
| | 铸金一号 | 有限合伙 | 金铸资产 | 任思泓 | 1.2396 | 14.64% |
| 宏观策略 | 泓湖重域 | 有限合伙 | 泓湖投资 | 梁文涛 | 1.775 | 37.60% |
| | 颉昂-商品对冲一期 | 有限合伙 | 颉昂投资 | 周亚东 | 2.5349 | 8.94% |
| | 盈冲一号 | 有限合伙 | 尊嘉资产 | 宋炳山 | 1.2257 | 5.60% |
| 事件驱动 | 中海信托-凯石定增宝二号 | 非结构化 | 凯石投资 | | 1.0804 | 20.49% |
| | 博弘数君 | 有限合伙 | 数君投资 | 刘宏 | 1.1572 | 19.02% |
| | 外贸信托-博弘定增21期 | 非结构化 | 数君投资 | 刘宏 | 0.9498 | 18.84% |
| 组合基金 | 上海国信-红宝石安心进取 | TOT | 上海国信 | | 1.1497 | 23.33% |
| | 陕国投-极元私募优选1期 | TOT | 极元投资 | | 92.1 | 20.13% |
| | 平安信托-双核动力3期1号 | TOT | 平安信托 | | 90.76 | 19.09% |
| 债券策略 | 长安信托-稳健12号 | 非结构化 | | | 1.109 | 9.11% |
| | 光大阳光5号 | 券商集合 | 光大证券 | 李剑铭 | 1.2763 | 7.16% |
| | 安信理财1号 | 券商集合 | 安信证券 | 尹占华 | 1.083 | 6.91% |

数据来源：私募排排网数据中心

表 2　採用股票多空策略的中國背景海外基金

| 公司简称 | 产品名称 | 产品成立日期 |
|---|---|---|
| 睿信投资 | 睿信中国成长 | 2007-07-02 |
| 淡水泉 | 淡水泉中国机会 | 2007-09-10 |
| 东方港湾 (香港) | 东方港湾马拉松 | 2008-08-12 |
| 锦宏资本 | 锦宏中国价值 | 2008-07-28 |
| 睿智华海 | 睿智华海 | 2007-10-01 |
| 睿亦嘉科技 | 睿亦嘉 | 2009-07-10 |
| 麦盛资产 | 麦盛中国 | 2010-02-11 |
| 智德投资 | VIM Sustainable SRI Master Fund | 2010-01-18 |
| 福而伟 | 英明绝对回报 | 2011-05-03 |
| 麦盛资产 | 麦盛中国成长 | 2011-01-26 |
| 新同方 | 新同方动力基金 | 2008-06-06 |
| 双子星 | 双子星机会 (B) | 2007-11-01 |
| 方舟资产 | 方舟中国基金 | 2011-09-21 |
| 成吉思汗 | 成吉思汗开元价值基金 | 2012-03-12 |
| LBN Advisers Limited | LBN 中国机会基金 | 2007-11-01 |
| 新同方 | 新同方阳明基金 | 2012-10-19 |
| 天马资产 | 天马中国成长基金 | 2006-01-11 |
| 天马资产 | 天马全球基金 | 2009-10-01 |

## ━━ C　詞彙表

　　根據效率市場（Efficient Market）理論：股票價格是在市場所有信息完全透明的基礎上形成的，因此任何人都不可能獲得超額利潤。但是，由於市場中存在很多無效率因素（Inefficiency），因此還是有獲取超額利潤的機會的。

　　內含收益率 IRR：綜合考慮利息、機會成本及投資時機等多種因素而得出的實際收益率。IRR 是投資界計算收益率的標準方法。

　　「基金的基金」：有些投資基金不是直接投資於股票，而是投資於其它基金，所以有此稱謂。

　　市場組合原理（MPT）：這個理論解釋了所有的投資的回報渠道，讓我們可以看到回報都是從哪些渠道來的。按照這個原理來看，回報包括無風險回報、投資

到市場中得到的高於無風險回報的溢價、該投資與市場的敏感性、來自其它因素
的回報。

國家圖書館出版品預行編目(CIP)資料

神秘的對沖基金 / 葉泓 著. -- 第一版.
-- 臺北市 ： 崧博出版 ： 財經錢線文化發行, 2018.10

　面 ；　公分

ISBN 978-957-735-590-4(平裝)

1.基金 2.投資

563.5　　　　107017191

書　　名：神秘的對沖基金
作　　者：葉泓 著
發行人：黃振庭
出版者：崧博出版事業有限公司
發行者：財經錢線文化事業有限公司
E-mail：sonbookservice@gmail.com
粉絲頁　　　　　　網　址：
地　　址：台北市中正區延平南路六十一號五樓一室
8F. -815, No.61, Sec. 1, Chongqing S. Rd., Zhongzheng
Dist., Taipei City 100, Taiwan (R.O.C.)
電　話：(02)2370-3310 傳　真：(02) 2370-3210
總經銷：紅螞蟻圖書有限公司
地　　址：台北市內湖區舊宗路二段 121 巷 19 號
電　話:02-2795-3656　傳真:02-2795-4100　網址：
印　　刷：京峯彩色印刷有限公司（京峰數位）

　本書版權為西南財經大學出版社所有授權崧博出版事業有限公司獨家發行
電子書及繁體書繁體版。若有其他相關權利及授權需求請與本公司聯繫。

定價：350元
發行日期：2018 年 10 月第一版
◎ 本書以POD印製發行